Schwangerschaftsabbruch, §§ 218 ff. (1)

I. Allgemeines/Aufbau

§§ 218–219 b schützen das vorgeburtliche menschliche Leben gegen bestimmte Angriffshandlungen auf die Leibesfrucht. Zentrale Vorschrift ist **§ 218, Schwangerschaftsabbruch**. Aufbau:

<table>
<tr><td rowspan="3">1. § 218 I
a) Tatbestand
aa) Tatobjekt: Leibesfrucht
bb) Abbrechen der Schwangerschaft
cc) Kein Tb.-Ausschluss gem. § 218 a I:
– Verlangen des Abbruchs durch Schwangere
– Nachweis einer Beratung
– Abbruch durch einen Arzt
– innerhalb der 12-Wochen-Frist
dd) Vorsatz
b) RW: spezielle Rechtfertigung durch die unbefristete medizinische Indikation, § 218 a II (die auch den Abbruch aufgrund der zu erwartenden Belastung der Schwangeren durch Behinderung des Kindes erlaubt!) oder kriminologische Indikation innerhalb der ersten 12 Wochen, § 218 a III
c) Schuld</td><td colspan="2">2. Strafänderungen:</td></tr>
<tr><td>für Dritte</td><td>für die Schwangere</td></tr>
<tr><td>Besonders schwerer Fall, § 218 II 2
▪ Nr. 1: Handeln gegen den Willen der Schwangeren
▪ Nr. 2: Leichtfertige Verursachung der Todes- oder schweren Gesundheitsgefahr für die Schwangere</td><td>▪ Persönl. Strafausschließungsgrund, § 218 a IV 1, bei ärztlichem Abbruch nach Beratung bis Ende der 22. Woche
▪ Absehen von Strafe bei besonderer Bedrängnis, § 218 a IV 2</td></tr>
</table>

➲ **Leibesfrucht** ist jedes lebende menschliche Wesen nach Abschluss der Einnis[illegible] ges nach der Empfängnis) bis zum Beginn der Eröffnungswehen der Schwangeren (Arg. aus [illegible])

➲ **Abbruch der Schwangerschaft** ist jede Handlung (oder garantenpflichtwidrige Unterlassung), die auf eine [illegible] einwirkt und zurechenbar verursacht, dass das Tatobjekt entweder als Leibesfrucht im Mutterleib oder als Mensch außerhalb des Mutterleibes stirbt.

Übersicht: Straftaten gegen das Leben

**Alle §§ ohne Gesetzesangabe sind solche des StGB.*

Befruchtung

Strafrechtlicher Schutz von Embryonen außerhalb des Mutterleibes: → **Embryonenschutzgesetz**

Abschluss der Einnistung

Strafrechtlicher Schutz der Leibesfrucht:

- vorsätzliche Gefährdung → **Werbung für Schwangerschaftsabbruch, § 219 a*** | **Inverkehrbringen von Mitteln zum Schwangerschaftsabbruch, § 219 b**
- vorsätzliche Tötung → **Fremd- und Eigenabbruch der Schwangerschaft, § 218** | **Schwangerschaftsabbruch ohne ärztliche Feststellung, § 218 b I 1** | **Ärztliche Pflichtverletzung beim Abbruch, § 218 c**

Beginn der Eröffnungswehen

Strafrechtlicher Schutz des lebenden Menschen:

- vorsätzliche Gefährdung → **Spezialtatbestände, z.B. §§ 315 b, c** | **Aussetzung, § 221**
- vorsätzliche Tötung → **Mord, § 211** | **Totschlag, § 212** | **Tötung auf Verlangen, § 216**
- fahrlässige Tötung → **Erfolgsqualifikationen, z.B. §§ 227, 251** | **Fahrlässige Tötung, § 222**

Gesamthirntod

Postmortaler strafrechtlicher Schutz: → **Transplantationsgesetz**

Schwangerschaftsabbruch, §§ 218 ff. (2)

II. Einzelfragen

- Die Anwendung nidationshemmender Mittel (☞ morning-after-Pille, Spirale) ist gem. § 218 I 2 nicht tatbestandsmäßig.
- Tatbestandlich sind sowohl unmittelbare Einwirkungen auf den Fötus (☞ mechanische Zerstörung, Einspritzung) als auch Angriffe auf die Schwangere, die zum Absterben führen (☞ Tötung der Schwangeren).

⚠ Hat der Schwangerschaftsabbruch zur **Lebendgeburt eines Kindes geführt, das außerhalb des Mutterleibes stirbt**, gilt:

Trotz des zwischenzeitlichen Wechsels des Tatobjekts von „Leibesfrucht" zu „Mensch" infolge der Geburt unterfällt die Tat ausschließlich den §§ 218 ff., weil nach §§ 8, 22 für die strafrechtliche Beurteilung auf den Zeitpunkt abzustellen ist, in dem sich die **Handlung auszuwirken beginnt**. Auf die Rechtsqualität im Zeitpunkt des Erfolgseintritts ist nicht abzustellen.

⚠ Wird die Frühgeburt dagegen **nach der Geburt durch eine neue Handlung getötet**, so liegt Totschlag oder Mord vor. Umstritten ist dann lediglich die Einordnung des vorherigen Schwangerschaftsabbruchs:

- Das Schrifttum nimmt nur Versuch des § 218 an.
- Die Rspr. differenziert: Bei nicht lebensfähiger Frühgeburt soll § 218 in Tateinheit mit vollendetem Tötungsdelikt gegeben sein. Nur bei lebensfähiger Frühgeburt soll der Versuch des Schwangerschaftsabbruchs in Tatmehrheit mit dem anschließenden Tötungsdelikt vorliegen.

Schwangerschaftsabbruch, §§ 218 ff. (3)

III. Strafbarkeit der Schwangeren

- Tatbestandlich sind sowohl der **Fremdabbruch** als auch der **Selbstabbruch durch die Schwangere**, vgl. § 218 III. Die Ermöglichung der Abbruchshandlung durch einen Dritten begründet für die Schwangere regelmäßig Mittäterschaft, wobei für sie dann über § 28 II die Privilegierung des § 218 III gilt.
- Der Versuch ist für die Schwangere straflos, § 218 IV 2 (persönlicher Strafausschließungsgrund).
- Auch bei Abbruch außerhalb der 12-Wochen-Frist und ohne Indikation gilt für die Schwangere ein persönlicher Strafausschluss nach § 218 a IV 1, wenn der Abbruch nach Beratung durch einen Arzt innerhalb von 22 Wochen seit der Empfängnis erfolgt ist.
- In allen verbleibenden Fällen kann bei der Schwangeren von Bestrafung abgesehen werden, wenn sie sich in besonderer Bedrängnis befunden hat, § 218 a IV 2.
- Die Strafbarkeit der Schwangeren aus §§ 218 b I, 218 c I und § 219 b I ist ausdrücklich ausgeschlossen, vgl. §§ 218 b I 3, 218 c II und § 219 b II.

IV. Konkurrenzen

- Zu Körperverletzungsdelikten an der Mutter:
  - § 223 wird als Begleittat von § 218 konsumiert
  - § 224 tritt – auch im Fall des § 218 II 2 – dazu in Tateinheit
- Zu Tötungsdelikten an der Mutter: Tateinheit mit § 218

Totschlag, § 212 (1)

I. Allgemeines/Aufbau

§ 212 I manifestiert den absoluten Lebensschutz für Menschen. **Tötung** ist ➲ jede kausale (und objektiv zurechenbare) Lebensverkürzung oder garantenpflichtwidrige Nichtverlängerung des Lebens eines anderen Menschen. Jede gezielte aktive Lebensverkürzung oder garantenpflichtwidrige Nichtvornahme von Maßnahmen zur Lebensverlängerung eines anderen ist strafbar, auch wenn dies Behinderte, alte Menschen oder Sterbende betrifft. Eine qualitative oder quantitative Differenzierung ist unzulässig, vgl. Art. 1 I GG. Der Satzteil „ohne Mörder zu sein" ist heute bedeutungslos. Aufbau:

1. § 212	2. Strafänderungen
a) Tatbestand aa) Tatobjekt: anderer lebender Mensch bb) (Fremd-)Tötung in Abgrenzung zur Suizidbeteiligung cc) Vorsatz b) RW c) Schuld	Unbenannte Strafschärfung für besonders schwere Fälle, § 212 II
	Benannte Strafmilderung, § 213 Alt. 1: – Misshandlung/schwere Beleidigung des Täters / eines Angehörigen durch den Getöteten und – Schuldlosigkeit des Täters an der Provokation und – Täter durch Provokation zum Zorn gereizt und auf der Stelle zur Tat hingerissen
	Unbenannte Strafmilderung für sonstige minderschwere Fälle, § 213 Alt. 2 (☞ Kindestötung nach der Geburt)

Totschlag, § 212 (2)

II. Grenzen des Tötungsverbots

- Schon nicht tatbestandsmäßig ist die Mitwirkung an einer freiverantwortlichen Selbsttötung.
- Rechtfertigungsgründe:
  - Notwehr (§ 32), rechtfertigende Pflichtenkollission für Unterlassungen

    ⚠ Dagegen keine Tötungserlaubnis durch § 34 (auch nicht i.V.m. § 228 BGB analog). Eine rechtfertigende Einwilligung in die eigene aktive Tötung von fremder Hand ist nicht möglich. Aus § 216 folgt insoweit eine Einwilligungssperre.
  - Tötung durch aktives Tun oder Unterlassen kann aber unter den Voraussetzungen eines **„Behandlungsabbruchs"** gerechtfertigt sein (🗗 9).

1. Mitwirkung an einer freiverantwortlichen Selbsttötung

Die Selbsttötung erfüllt keinen Straftatbestand. Das in § 212 I fehlende Wort „anderen" wird also durch systematische Auslegung in die Vorschrift hineingelesen. Demzufolge sind mangels Haupttat Anstiftung und Beihilfe zur Selbsttötung nicht strafbar. Auch die fahrlässige Ermöglichung eines freiverantwortlichen Suizids liegt außerhalb des Schutzzwecks der Tötungsdelikte und ist deshalb nicht strafbar.

- Abzugrenzen vom **Suizid** ist die **unmittelbar täterschaftliche Fremdtötung**, die bei wirksamem Tötungsverlangen § 216 unterfällt, sonst nach § 212 oder sogar § 211 strafbar ist.

  ☞ X ist vom Halsbereich an abwärts vollständig gelähmt und will sterben. Er bittet Y, ihm den Mund zu öffnen und ihm dann ein giftiges Getränk einzuflößen. Y kommt der Bitte nach.

Totschlag, § 212 (3)

II. Grenzen des Tötungsverbots (Fortsetzung)

1. Mitwirkung an einer freiverantwortlichen Selbsttötung (Fortsetzung)

- Nach allg. Ansicht entscheidet die **Tatherrschaft über den letzten Akt**:
  - Kann sich der Getötete nach Abschluss der Handlung des anderen ihrer tödlichen Wirkung nicht mehr entziehen (wie im Beispielsfall), liegt aktive Fremdtötung vor. Das gilt nach h.M. auch, wenn der Sterbewillige an dem Tötungsgeschehen aktiv mitwirkt oder wenn er den anderen über die tödliche Wirkung seiner Handlung getäuscht hat.
  - Behält der Sterbewillige nach Abschluss der Mitwirkungshandlung des anderen die Entscheidung über Leben oder Tod, liegt die Ausführungsherrschaft beim Suizidwilligen.

    So im abgewandelten Beispielsfall, wenn X mit einem Strohhalm das Getränk aus dem Glas getrunken hätte.
- Abzugrenzen vom **freiverantwortlichen Suizid** ist die **nicht freiverantwortliche Selbsttötung**. Wer einen Sterbewilligen, dessen Entscheidung zur Selbstötung auf einem Verantwortungsdefizit beruht, aktiv zur Selbstötung veranlasst oder ihm dabei hilft, ist **mittelbarer Täter** eines Totschlags oder sogar eines Mordes. Wer als Garant eine unfreie Selbsttötung nicht verhindert, ist **Unterlassungstäter** gem. §§ 212 I, 13, ggf. §§ 211, 13.

  Bei sorgfaltswidrigem Irrtum über die Freiverantwortlichkeit ist der aktiv Beteiligte wegen fahrlässiger Tötung gem. § 222 oder bei Nichthindern der Selbsttötung wegen fahrlässiger Tötung durch Unterlassen strafbar, §§ 222, 13.
- Umstritten ist, bei welchen Mängeln kein freiverantwortlicher Suizid mehr vorliegt.

  ☞ Der Erbe veranlasst die Selbsttötung des Erblassers durch Vorspiegelung, dieser sei HIV-positiv.

Totschlag, § 212 (4)

II. Grenzen des Tötungsverbots (Fortsetzung)

1. Mitwirkung an einer freiverantwortlichen Selbsttötung (Fortsetzung)

Exkulpationslösung	Einwilligungslösung
Die Freiverantwortlichkeit misst sich an den Regeln der strafrechtlichen Verantwortung. Sie fehlt, wenn die Selbsttötung auf einem Irrtum des Opfers über die tödliche Wirkung der Handlung beruht (§ 16) oder wenn Kinder, Jugendliche, Geisteskranke (§ 3 JGG, §§ 19, 20) zu einer Selbsttötung veranlasst werden oder wenn das Opfer in eine dem § 35 I entsprechende Notstandslage getrieben wird.	Entscheidend ist, ob die Suizidentscheidung nach den Kriterien der rechtfertigenden Einwilligung bzw. der „Ernstlichkeit“ gem. § 216 willensmangelbehaftet ist. Deshalb können auch Zwangslagen unterhalb des § 35 oder Motivirrtümer oder Spontanentscheidungen aus einer depressiven Augenblickstimmung die Freiverantwortlichkeit ausschließen.
Im o.g. Beispiel (–), da keine Täuschung über tödliche Wirkung	Im o.g. Beispiel (–), da Irrtum über Sinn des Suizids als Leidensverkürzung

- Umstritten war bis vor kurzem, ob bei einem freiverantwortlich begangenen Suizid **nach Eintritt der Bewusstlosigkeit** des Betroffenen für den Garanten, der den Todeseintritt nicht hindert, bei Vorsatz ein Tötungsdelikt durch Unterlassen gem. §§ 212 I/216, 13 oder bei Fahrlässigkeit eine Strafbarkeit gem. §§ 222, 13 gegeben ist.
  - In einer älteren Entscheidung hat der BGH dies bejaht, weil mit dem Bewusstloswerden ein Tatherrschaftswechsel auf den Garanten stattfinde und der Tötungswille im Zweifel nicht mehr fortbestehe.

Totschlag, § 212 (5)

II. Grenzen des Tötungsverbots (Fortsetzung)

1. Mitwirkung an einer freiverantwortlichen Selbsttötung (Fortsetzung)

- Der BGH hat sich inzwischen der schon lange im Schrifttum herrschenden Gegenansicht angeschlossen. Eine etwaige Garantenstellung zum Schutz des Lebens endet danach mit Äußerung des Sterbewunsches. Diese ist als Ausdruck des **Selbstbestimmungsrechts** des Sterbewilligen (Art. 2 I 1, 1 I GG; Art. 8 EMRK; § 1901 a BGB) bis zu seinem Tod zu respektieren, sofern keine Willensänderung erkennbar wird. Eine Strafbarkeit gem. § 323 c I scheidet in solchen Fällen wegen Unzumutbarkeit des Handelns gegen den Willen des Suizidenten aus.

2. Behandlungsabbruch

Bei einer **lebensbedrohlich erkrankten oder von lebenserhaltenden Maßnahmen abhängigen Person** ist die Lebensverkürzung durch Beenden einer Behandlung, sei es durch Unterlassen oder aktives Tun, oder die Gabe schmerzlindernder, nicht gezielt tödlicher Medikamente von Ärzten, Betreuern oder von diesen beauftragten Dritten **gerechtfertigt**, wenn folgende Voraussetzungen erfüllt sind:

- Das fragliche Verhalten muss sich aber darauf beschränken, den Betroffenen durch Nichtbehandlung oder Schmerzlinderung dem Sterben zu überlassen.
- Der geäußerte oder mutmaßliche Wille des Betroffenen ist von einem Betreuer nach Maßgabe der §§ 1901 ff. BGB zu ermitteln (str.).
- Subjektiv müssen die objektiven Umstände nach pflichtgemäßer Überprüfung bekannt sein, ferner muss der Täter motiviert sein, im Sinne des Betroffenen zu handeln.

Mord, § 211 (1)

I. Allgemeines/Aufbau

- Mord ist die Verwirklichung des § 212 und mindestens eines der in § 211 abschließend genannten Mordmerkmale. Rechtsfolge ist ausschließlich lebenslange Freiheitsstrafe, deren Vollstreckung aber – außer bei besonderer Schwere der Schuld – gem. § 57 a nach 15 Jahren verbüßter Strafe zur Bewährung ausgesetzt werden kann. Das systematische Verhältnis zwischen § 211 und § 212 ist umstritten (vgl. ⧉ 21–25). Wegen der einschneidenden Rechtsfolge verlangt das BVerfG eine restriktive Auslegung insbes. der Heimtücke (näher dazu ⧉ 11–19).
- Die Mordmerkmale lassen sich in drei Gruppen aufteilen: Die 1. Gruppe nennt besondere Motive, die 2. Gruppe kennzeichnet bestimmte Begehungsweisen und die 3. Gruppe besondere Absichten. Aufbau:

1. Tatbestand
   a) Vorsätzliche Tötung
   b) Objektive Mordmerkmale, 2. Gruppe
      - **heimtückisch**
      - **grausam**
      - **mit gemeingefährlichen Mitteln**

      Vorsatz und zusätzliche subjektive Erfordernisse bzgl. des Mordmerkmals (der 2. Gruppe)
   c) Subjektive Mordmerkmale
      aa) 3. Gruppe (Absichten)
         - **um eine andere Straftat zu ermöglichen**
         - **um eine andere Straftat zu verdecken**

      bb) 1. Gruppe (Motive)
         - **Mordlust**
         - **Habgier**
         - **zur Befriedigung des Geschlechtstriebs**
         - **sonstige niedrige Beweggründe**
2. Rechtswidrigkeit
3. Schuld

---

4. Strafmilderung analog § 49 I Nr. 1 bei heimtückischen Konflikttötungen (sog. Rechtsfolgenlösung der Rspr. ⧉ 13)

Mord, § 211 (2)

II. Objektive Mordmerkmale (2. Gruppe)

1. Heimtücke

➲ Bewusste Ausnutzung der Arg- und Wehrlosigkeit in feindseliger Willensrichtung.

a) Objektive Begriffsmerkmale

➲ **Arglos** ist das Opfer, wenn es im Zeitpunkt des Versuchsbeginns der Tötung nicht mit einem Angriff auf sein Leben oder mit einem schweren Angriff auf seine körperliche Unversehrtheit rechnet.

- Das Opfer muss **zum Argwohn fähig** sein. Daran fehlt es bei kleinen Kindern, Bewusstlosen oder schwer geisteskranken Personen. Auch dann ist eine heimtückische Tötung möglich, wenn natürliche Abwehrinstinkte überwunden werden oder die Arglosigkeit eines (tatsächlich schutzbereiten) Dritten ausgenutzt wird.
- Maßgebender Zeitpunkt (⚠ Klausurfalle) ist grds. der **Versuchsbeginn** der Tötung. Deshalb keine Heimtücke, wenn das zunächst arglose Opfer noch vor Versuchsbeginn argwöhnisch wird. Ausnahmen von der Zeitgleichheit:
  - Auch die **Tötung Schlafender** ist heimtückisch (obwohl das Opfer im Moment der Tötung gar nicht zum Argwohn fähig ist), wenn der Schlafende die Arglosigkeit „mit in den Schlaf genommen hat", nicht aber, wenn er aus Müdigkeit oder Alkoholisierung vom Schlaf übermannt worden war.
  - Ein **offener Tötungsangriff** kann heimtückisch sein, wenn er so **überraschend** erfolgt, dass zwischen dem Erkennen der Gefahr und der Tötung zu wenig Zeit für das überrumpelte Opfer bleibt, um wirksame Abwehrmaßnahmen zu ergreifen.

Mord, § 211 (3)

II. Objektive Mordmerkmale (2. Gruppe) (Fortsetzung)

1. Heimtücke (Fortsetzung)

- Hat der Täter dem Opfer eine Falle gestellt und ist das Opfer arglos in diese Falle gegangen, so liegt Heimtücke vor, auch wenn das Opfer in der Situation den Tötungsangriff erkennt, sich aber wegen der fortwirkenden Vorkehrungen des Täters nicht mehr wehren kann.

➲ **Wehrlos** ist das Opfer, wenn es infolge seiner Arglosigkeit zur Verteidigung außerstande oder in seiner Verteidigung stark eingeschränkt ist.

- Die Wehrlosigkeit muss also gerade Folge der beim Versuchsbeginn noch vorhandenen Arglosigkeit sein.
  ☞ Die Tötung eines zuvor ohne Tötungsvorsatz Gefesselten und deshalb Wehrlosen ist nicht heimtückisch.

➲ **Ausnutzen** bedeutet Erleichterung der Tatausführung.

b) Subjektive Voraussetzungen
- Der Täter muss die äußeren Umstände der Arg- und Wehrlosigkeit erkennen.
- Er muss sich der Überraschungswirkung seines Tötungsangriffs bewusst gewesen sein **(Ausnutzungsbewusstsein)**.

➲ Mit feindseligem Willen handelt grds. jeder Täter, der das Opfer ohne dessen Willen tötet.

Eine Tötung zum vermeintlich „Besten" des Opfers lässt die Feindseligkeit nach aktueller Rspr. nicht entfallen. Sie entfällt ausnahmsweise nur dann, wenn die Tötung dem ausdrücklichen – oder bei entscheidungsunfähigen Opfern dessen nachvollziehbarem mutmaßlichem – Willen entspricht.

☞ Tötung eines Schwerkranken zur Vermeidung von Todesqualen

Mord, § 211 (4)

II. Objektive Mordmerkmale (2. Gruppe) (Fortsetzung)

1. Heimtücke (Fortsetzung)

c) Restriktionen der Heimtücke
Da die Arg- und Wehrlosigkeit oft bei Tötungen ausgenutzt wird, bei denen der Täter aus einer belastenden Konfliktlage heraus gehandelt hat, verlangt das BVerfG eine restriktive Handhabung.

Lösungsmodelle der Lit. auf Tatbestandsebene		**Rechtsfolgenlösung des BGH**
Lehre von der negativen Typenkorrektur	**Besonders verwerflicher Vertrauensbruch**	**Analog § 49 I Nr. 1 auf 3–15 Jahre gemilderter Strafrahmen**
Zusätzliche Prüfung der besonderen Verwerflichkeit unter Gesamtwürdigung von Tat und Täter Kritik: Nicht mit dem Gebot der Tatbestandsbestimmtheit vereinbar; von der Rspr. daher abgelehnt	Ähnlich wie bei dem „hinterlistigen" Überfall zusätzlich tückisch-verschlagenes Vorgehen unter Ausnutzung sozialer Vertrauensmuster erforderlich Kritik: Dann wären heimtückische Tötungen aus dem Hinterhalt oder solche, bei denen sich Täter und Opfer nicht kennen, keine Morde aus Heimtücke; daher von der Rspr. abgelehnt	Bei Vorliegen außergewöhnlicher Umstände, die das Ausmaß der Täterschuld so mildern, dass lebenslange Freiheitsstrafe unverhältnismäßig wäre Kritik: Rechtsfortbildung, die nur dem Gesetzgeber möglich ist; dennoch inzwischen st.Rspr.

Mord, § 211 (5)

II. Objektive Mordmerkmale (2. Gruppe) (Fortsetzung)

2. Grausam tötet, ➲ wer dem Opfer besonders starke Schmerzen oder Qualen körperlicher oder seelischer Art aus gefühlloser, unbarmherziger Gesinnung zufügt.

☞ Folterung, Verhungern- oder Verdurstenlassen; vorausgesetzt, das Opfer ist zur Leidensempfindung fähig (fehlt z.B. bei Bewusstlosen)

a) Grausamkeit und Versuchsbeginn der Tötung müssen sich zeitlich überschneiden. Nicht ausreichend ist eine grausame Körperverletzung mit anschließender spontaner Tötung. Zeitlich vor der geplanten Tötung liegende Grausamkeiten können nach BGH aber schon Versuchsbeginn des Mordes begründen (str.).

b) Subjektiv ist neben Vorsatz eine gefühllose und unbarmherzige Gesinnung bei der Tat erforderlich.

3. Gemeingefährlich sind solche **Tötungsmittel**, ➲ deren Wirkung auf Leib oder Leben mehrerer oder vieler Menschen der Täter nicht beherrscht, weil er in der konkreten Situation die Ausdehnung der Gefahr nicht kontrolliert.

a) Objektiv entscheiden die konkrete Wirkungsweise und die Fähigkeiten des jeweiligen Täters.

☞ Maschinenpistole in der Hand eines Ungeübten; „Geisterfahrt“ mit unbeleuchtetem Pkw in Suizidabsicht

b) Subjektiv muss der Täter die gemeingefährliche Wirkungsweise erkannt haben.

III. Absichtsmerkmale (3. Gruppe)

⚠ Kommen die Mordmerkmale der 3. Gruppe in Betracht, sollte man in der Klausur vorher die zu verdeckende oder zu ermöglichende Straftat erörtert haben, um eine Inzidenterprüfung zu vermeiden.

Mord, § 211 (6)

III. Absichtsmerkmale (3. Gruppe) (Fortsetzung)

1. Absicht, eine andere Straftat zu ermöglichen

- Ermöglichungsziel muss eine (ggü. der Tötung) andere, nicht notwendig eigene **Straftat** gem. § 11 I Nr. 5 (≠ OWi, dann niedrige Beweggründe) sein. Diese kann sogar mit der Tötung tateinheitlich zusammentreffen (☞ Raubmord), darf allerdings in ihrer Ausführung nicht vollständig mit der Tötung deckungsgleich sein (☞ kein Mord zur „Ermöglichung" eines räuberischen Diebstahls (§ 252), wenn der Dieb den Verfolger tötet, um sich den Besitz der Beute zu erhalten). Das Ziel muss darin bestehen, die andere Straftat durch das Mittel der Tötung (entweder durch die zum Tod führende Handlung oder durch den Todeserfolg) zu erleichtern.
- Das Mordmerkmal kann **auch bei bedingtem Tötungsvorsatz** vorliegen, wenn nicht der Tod des Opfers, sondern die zur Tötung geeignete Handlung Ermöglichungsmittel ist.

  ☞ Um einen Raub zu ermöglichen, schlägt der Täter auf das Opfer ein. Dabei nimmt er billigend in Kauf, dass das Opfer erstickt: § 211, wenn das Opfer tatsächlich stirbt.

2. Absicht, eine andere Straftat zu verdecken

a) Voraussetzungen

- Gegenstand der Verdeckung muss eine **Straftat** gem. § 11 I Nr. 5 (≠ OWi, dann niedrige Beweggründe) des Täters oder eines anderen sein.
  Die Vortat kann auch zeitlich mit der Tötung vollendet werden.

  ☞ Räuberischer Diebstahl durch Tötung und zur Verdeckung des vorherigen Diebstahls.

III. Absichtsmerkmale (3. Gruppe) (Fortsetzung)

2. Absicht, eine andere Straftat zu verdecken (Fortsetzung)

⚠ Auch ein mit dolus eventualis **versuchter Totschlag an demselben Opfer** kann eine verdeckungsfähige „andere Straftat" sein, aber nur wenn die in Verdeckungsabsicht ausgeführte Tötung durch **aktives Tun** und nach einer **zeitlichen Zäsur** zum Vorgeschehen begangen wurde.

- Die Absicht muss auf die Verdeckung, also Nichtentdeckung der Tat oder Aufeckung der Beteiligung des Tötungstäters daran, gerichtet sein.

  ☞ Deshalb kein Verdeckungsmord, wenn der seiner Identität nach bekannte Straftäter auf der Flucht einen Polizisten erschießt: Er will nicht die Straftat verdecken, sondern nur die Festnahme verhindern (dann: niedrige Beweggründe).

  Es genügt auch der Wille, nur außerstrafrechtliche Konsequenzen zu vermeiden.

- Vortat und Verdeckungsziel müssen mit der Tötung (entweder der Tötungshandlung oder dem Todeserfolg) innerlich verknüpft sein. Hierbei ist zu differenzieren:

  – Ist das Verdeckungsziel aus Tätersicht **nur durch den Tod des Opfers** erreichbar, so muss der Tod mit dolus directus I verwirklicht worden sein.

    ☞ Beseitigung des einzigen Tatzeugen aus Angst vor Wiedererkennung

  – Soll das Verdeckungsziel aber **durch das Handeln/garantenpflichtwidrige Unterlassen** erreicht werden, das nur als **Nebenfolge zum Tod** des Opfers führt, so genügt hinsichtlich der Tötung dolus eventualis.

    ☞ Die Pflegeeltern vermeiden es, ihr Pflegekind einem Arzt vorzuführen, um jahrelange Misshandlungen an dem Kind zu verbergen. Dass das Kind an den Folgen fehlender Behandlung sterben könnte, nehmen sie billigend in Kauf. Das Kind stirbt: Verdeckungsmord.

III. Absichtsmerkmale (3. Gruppe) (Fortsetzung)

2. Absicht, eine andere Straftat zu verdecken (Fortsetzung)

b) Restriktionen

Zur Wahrung der Verhältnismäßigkeit verlangt das BVerfG auch bei der Verdeckungsabsicht eine einschränkende Auslegung. Lösungsversuche:

Lehre von der negativen Typenkorrektur (Lit.)	Nichtvorliegen eines niedrigen Beweggrundes (Teil der Rspr.)
🗗 13	Da die Verdeckungsabsicht lediglich eine spezielle Ausprägung der niedrigen Beweggründe darstellt, ist sie in Ausnahmefällen zu verneinen, wenn das Verdeckungsmotiv nicht als verachtenswert anzusehen ist. Kritik: Widerspruch zum Gesetzeswortlaut, wonach die Verdeckungsabsicht eigenständiges Mordmerkmal und nicht nur Spezialfall der niedrigen Beweggründe ist.

IV. Motivmerkmale (1. Gruppe)

1. **Mordlust** liegt vor, ➲ wenn die Tötung des Opfers den einzigen Zweck der Tat bildet, insbes. wenn allein aus der Freude an der Vernichtung eines Menschenlebens getötet wird.
2. **Zur Befriedigung des Geschlechtstriebs tötet**, ➲ wer sich durch den Tötungsakt als solchen sexuelle Befriedigung verschaffen will („Lustmord"), aber auch, wer das Opfer tötet, um sich durch Handlungen an der Leiche geschlechtlich zu befriedigen oder den Tod des Opfers als Folge einer Vergewaltigungshandlung zumindest billigend in Kauf nimmt.

Mord, § 211 (9)

IV. Motivmerkmale (1. Gruppe) (Fortsetzung)

3. **Habgier** ➲ ist ein durch ungehemmte Eigensucht übersteigertes Streben nach materiellen Gütern oder Vorteilen. Durch den Tod muss sich der Täter eine, wenn auch nur geringe Vermögensmehrung oder eine wirtschaftliche Entlastung versprechen.

   ☞ Hauptfälle: Raubmord, Auftragsmord, Mord zur Erlangung einer Erbschaft/Lebensversicherung, Mord zur Ersparnis von Unterhalt

4. **Sonst aus niedrigen Beweggründen**

   ➲ Niedrig sind Beweggründe, die nach allgemeiner sittlicher Wertung auf tiefster Stufe stehen, weil sie durch hemmungslose, triebhafte Eigensucht bestimmt sind und deshalb deutlich stärker als bei einem Totschlag verachtenswert sind.

   a) Das handlungsleitende Motiv darf durch andere Mordmerkmale nicht „verbraucht" sein („sonstige").

   b) Objektive Niedrigkeit des dominanten Tatmotivs
   Erforderlich ist eine Gesamtwürdigung aller für den Handlungsantrieb des Täters maßgeblichen Faktoren. Gefühlsregungen wie Wut und Hass müssen ihrerseits auf einer niedrigen Gesinnung beruhen. Die Bewertung richtet sich nach den Wertvorstellungen in Deutschland.

   Niedrig ist eine Tötung

   - aus nichtigem Anlass oder ungehemmter Eigensucht,

     ☞ Tötung allein aus politischen Motiven jenseits des Widerstandsrechts gem. Art. 20 IV GG

   - aus Missachtung jeglichen Eigenwerts des Opfers.

     ☞ Bei „Blutrache" und „Ehrenmorden" gilt:

     - Wird das Opfer nur wegen der Verletzung eines Ehrenkodex getötet, handelt derjenige, der sich zum Vollstrecker erhebt, in aller Regel aus niedrigen Beweggründen.

IV. Motivmerkmale (1. Gruppe) (Fortsetzung)

4. **Sonst aus niedrigen Beweggründen** (Fortsetzung)

- Ist der Täter aber durch die Tötung eines nahen Angehörigen tief betroffen und dadurch zur Vergeltung gegen den dafür Verantwortlichen motiviert worden, liegt darin noch kein niedriger Beweggrund.

c) Subjektive Voraussetzungen:

Der Täter muss sich der Umstände bewusst sein, die seine Beweggründe als niedrig erscheinen lassen (ohne sie selbst als niedrig einstufen zu müssen). An der für dieses normative Tatbestandsmerkmal erforderlichen Parallelwertung in der Laiensphäre kann es bei Ausländern fehlen, die noch völlig den von deutschen Anschauungen abweichenden Wertvorstellungen ihres Kulturkreises verhaftet sind (☞ Ehrenmord).

Triebhafte und gefühlsmäßige Regungen muss der Täter gedanklich beherrschen und willensmäßig steuern können. Daran kann es bei affektbeladenen Spontantötungen fehlen.

Systematisches Verhältnis der Tötungsdelikte zueinander (1)

I. Allgemeines

Rspr. und Lit. streiten seit Jahrzehnten darüber, in welchem Verhältnis die §§ 211, 212, 216 zueinander stehen. Diese Frage hat große Bedeutung im Rahmen des § 28 bei mehreren Beteiligten:

Rechtsprechung	Literatur
▪ §§ 211, 212 sind eigenständige Delikte mit unterschiedlichem Unrechtsgehalt (vergleichbar mit dem Verhältnis von § 249 zu § 242). ▪ § 216 ist ebenfalls eigenständiges Delikt, bei dessen Vorliegen §§ 211, 212 ausgeschlossen sind.  	▪ § 212 ist Grundtatbestand, § 211 ist dessen Qualifikation. ▪ § 216 ist unselbstständige Privilegierung zu § 212, bei dessen Vorliegen §§ 212, 211 auf Konkurrenzebene zurücktreten. 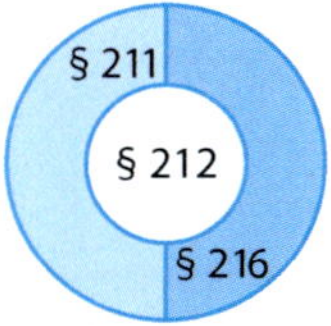
▪ Mordmerkmale sind **strafbarkeitsbegründend**. Auch die Motivierung durch das Tötungsverlangen ist **strafbarkeitsbegründend**.	▪ Mordmerkmale sind (ggü. § 212) **strafschärfend**. ▪ Die Motivierung durch das Tötungsverlangen ist **strafmildernd**.
Ob Merkmale strafbegründend oder -schärfend/-mildernd sind, ist Vorbedingung für die Anwendbarkeit des § 28 I oder § 28 II für Beteiligte:	
▪ Nach der Rspr. greift **§ 28 I** für Teilnehmer ein, weil die Mordmerkmale der 1. und 3. Gruppe/die Motivation durch das Tötungsverlangen „strafbegründende besondere persönliche Merkmale" sind (vgl. 🗗 22).	▪ Nach der Lit. greift **§ 28 II** für Täter und Teilnehmer ein, weil die Mordmerkmale der 1. und 3. Gruppe/die Motivation durch das Tötungsverlangen „strafändernde besondere persönliche Merkmale" sind (vgl. 🗗 22).

Systematisches Verhältnis der Tötungsdelikte zueinander (2)

II. Bedeutung des § 28 für §§ 211, 212, 216

- § 28 verlangt zunächst, dass ein **besonderes persönliches Merkmal** vorliegt. Personenbezogen sind ➲ Motive, Eigenschaften, Verhältnisse oder höchstpersönliche Sonderpflichten, die auf die Person des Täter abstellen. § 28 gilt **nicht** für tatbezogene Merkmale, die nur das sachliche Unrecht der Tat kennzeichnen. Bei tatbezogenen Merkmalen genügt für Beteiligte der hierauf bezogene Vorsatz, § 16.
- Nach h.M. sind die Mordmerkmale der 2. Gruppe (Heimtücke, Grausamkeit, mit gemeingefährlichen Mitteln) tatbezogen, d.h. § 28 gilt hierfür nicht. **Personenbezogen** sind nach h.M. aber die **Mordmerkmale der 1. und 3. Gruppe sowie das Bestimmtsein bei § 216**. Folge: § 28 ist anwendbar. Es ist dann zu entscheiden, ob I oder II einschlägig ist.

§ 28 I	§ 28 II
Bei besonderen persönlichen Merkmalen, die die Strafe **begründen**, gilt:	Bei besonderen persönlichen Merkmalen, die die Strafe **schärfen, mildern** oder **ausschließen**, gilt:
Liegt das Merkmal beim Haupttäter vor, muss es der Teilnehmer zunächst **kennen**. ⚠ Prüfungsstandort: Beim Teilnehmervorsatz Kennt der Teilnehmer das Merkmal nicht, ist schon das Teilnehmerdelikt nicht erfüllt. Kennt der Teilnehmer das Merkmal beim Haupttäter, ist seine zur Haupttat akzessorische Strafbarkeit gegeben. Weist der Teilnehmer, der das Haupttatmerkmal kennt, dieses nicht in seiner Person auf, ist seine Strafe zu mildern. ⚠ Prüfungsstandort: Nach der Schuld	Liegt das Merkmal bei einem Beteiligten (Teilnehmer, Mittäter, mittelbarer Täter) vor, bei dem anderen aber nicht, erfolgt eine **Tb.-Verschiebung**, d.h. der Schuldspruch erfolgt aus dem Delikt, das sich unter Berücksichtigung des Vorliegens bzw. Nichtvorliegens des Merkmals als Tat für den jeweiligen Beteiligten ergibt. ⚠ Prüfungsstandort: Bei Mittätern erfolgt von vornherein eine unterschiedliche Tatbestandswahl; bei Teilnehmern eine Änderung der akzessorischen Haupttat

Systematisches Verhältnis der Tötungsdelikte zueinander (3)

II. Bedeutung des § 28 für §§ 211, 212, 216 (Fortsetzung)

Ob bei den Mordmerkmalen der 1. und 3. Gruppe bzw. dem Bestimmtsein i.S.v. § 216 der § 28 I oder II anzuwenden ist, hängt davon ab, ob man bei der Frage des Verhältnisses der Tötungsdelikte zueinander der Rspr. oder der Lit. folgt.

Klausurwichtige Fallkonstellationen:

☞ Mittäter A tötet aus Habier, Mittäter M tötet ohne Mordmerkmal, kennt aber die Habgier des A.
A: Nach Lit. und Rspr. § 211 (+)
M: Nach Lit. und Rspr. Mittäterschaft zu § 211 (–), aber Mittäterschaft zu § 212 I (+)
§§ 211, 27: nach Lit. (–) wegen § 28 II, nach Rspr. strenggenommen (+)

☞ Täter A tötet aus niedrigen Beweggründen, Gehilfe G kennt die Motivation des A nicht und verwirklicht auch selbst kein Mordmerkmal.
A: Nach Lit. und Rspr.: § 211 (+)
G: §§ 211, 27 (–), nach Lit. wegen § 28 II, nach Rspr. wegen § 16; nach Lit. und Rspr. §§ 212 I, 27 (+)

☞ Täter A tötet aus Habgier, Gehilfe G kennt die Motivation des A, handelt aber selbst ohne Mordmerkmal.
A: Nach Lit. und Rspr. § 211 (+),
G: Nach Lit. §§ 211, 27 (–) wegen § 28 II, aber §§ 212 I, 27 (+);
nach Rspr. §§ 211, 27 (+), aber doppelte Strafmilderung aus § 27 II 2 und § 28 I; der Wertungswiderspruch, dass dann Teilnahme am Mord eine geringere Strafe auslöst als Teilnahme am Totschlag, soll durch Strafrahmenbegrenzung der Teilnahme am Totschlag beseitigt werden!

Systematisches Verhältnis der Tötungsdelikte zueinander (4)

II. Bedeutung des § 28 für §§ 211, 212, 216 (Fortsetzung)

☞ Täter A tötet aus Habgier, Gehilfe G kennt das Mordmerkmal des A nicht, handelt aber selbst aus niedrigen Beweggründen.
A: Nach Lit. und Rspr. § 211 (+)
G: Nach Lit. §§ 211, 27 (+) wegen § 28 II;
nach vereinzelter Rspr. §§ 211, 27 ebenfalls (+), aber ohne Anwendung von § 28 II (systemwidrig!); stattdessen konsequenterweise nur §§ 212 I, 27 (wegen § 16 I 1), evtl. § 212 II

☞ Täter A tötet aus Habgier, Gehilfe G kennt die Habgier des A, tötet selbst aber aus niedrigen Beweggründen.
A: Nach Lit. und Rspr. § 211 (+)
G: Nach Lit. §§ 211, 27 (+) wegen § 28 II;
nach Rspr. §§ 211, 27 (+); § 28 I (–), weil das Fehlen der Habgier bei G durch dessen eigene niedrigen Beweggründe als Mordmerkmal „gleicher Art" kompensiert wird (sog. „gekreuzte Mordmerkmale")

☞ Täter A tötet ohne Mordmerkmale, Gehilfe G handelt aus niedrigen Beweggründen.
A: Nach Lit. und Rspr. § 212 I (+)
G: Nach Lit. §§ 211, 27 (+) wegen § 28 II,
nach Rspr. §§ 212 I, 27 (+), allenfalls § 212 II

☞ Täter A tötet aufgrund des Sterbeverlangens des Opfers, Gehilfe G kennt die Motivation des A, ist aber selbst hierdurch nicht motiviert.
A: Nach Lit. und Rspr. § 216 (+)
G: Nach Lit. §§ 212 I, 27 (+) wegen § 28 II,
nach Rspr. §§ 212 I, 27 (+) wegen Fehlens der persönlichen Mitleidsmotivation (praktisch dasselbe Ergebnis wie die Lit.)

Konkurrenzen bei den Tötungsdelikten

- **§ 212 zu anderen durch dieselbe Handlung an demselben Opfer verwirklichten Tötungsdelikten**

  Totschlag wird von § 211/§ 216 (sowohl nach Rspr. als auch nach Lit.) als gesetzeskonkurrierend verdrängt (Spezialität).

- **§ 211 zu anderen durch dieselbe Handlung an demselben Opfer verwirklichten Tötungsdelikten**

  Mord verdrängt Totschlag als gesetzeskonkurrierend (Spezialität).

- **§ 216 zu anderen durch dieselbe Handlung an demselben Opfer verwirklichten Tötungsdelikten**

  Tötung auf Verlangen verdrängt § 212/§ 216 als gesetzeskonkurrierend (privilegierende Spezialität).

- **Tötungsdelikte zu Körperverletzungsdelikten durch dieselbe Handlung an demselben Opfer**

  Das vollendete Tötungsdelikt verdrängt alle Durchgangs-Körperverletzungen als mitbestrafte Begleittaten (Subsidiarität). Bei nur versuchtem Tötungsdelikt aber aus Klarstellungsgründen Tateinheit zu allen vollendeten Körperverletzungsdelikten (🗗 32).

- **Tötungsdelikte zu gleichzeitig verwirklichten Erfolgsqualifikationen an demselben Opfer**

  Tateinheit

- **Tötungsdelikte durch dieselbe Handlung an verschiedenen Opfern**

  Tateinheit

Körperverletzungsdelikte, §§ 223–227 (1)

I. § 223: (einfache) Körperverletzung

§ 223 ist Grundtatbestand der Körperverletzungsdelikte. Der Versuch ist gem. § 223 II strafbar.

Körperliche Misshandlung (1. Alt.) ➲ ist jede üble, unangemessene Behandlung, die das körperliche Wohlbefinden oder die körperliche Unversehrtheit nicht nur unerheblich beeinträchtigt.

Gesundheitsschädigung (2. Alt.) ➲ ist jedes Hervorrufen oder Steigern eines krankhaften Zustands physischer oder psychischer Art.

- Schmerzempfindung ist bei beiden Alternativen nicht notwendig. Seelische Beeinträchtigungen müssen mehr als nur unerhebliche körperliche Auswirkungen gehabt haben.
- Nach der Rspr. ist auch jeder kunstgerecht vorgenommene **ärztliche Eingriff** tatbestandlich Körperverletzung. Es entfällt nur die Rechtswidrigkeit, wenn ein Rechtfertigungsgrund, insbes. eine rechtfertigende Einwilligung, vorliegt, die ihrerseits voraussetzt, dass eine alle Willensmängel ausschließende Aufklärung über Umfang und Risiken des Eingriffs vorgelegen hat (vgl. §§ 630 d, e BGB).

  Anders die Literatur, die bei einem ärztlichen Heileingriff schon die Tathandlungen nicht als erfüllt ansieht. **Ärztlicher Heileingriff** im Sinne der Lit. ➲ ist eine in die Körperintegrität eingreifende Behandlung, die vorgenommen wird, um Krankheiten, Körperschäden, körperliche Beschwerden oder seelische Störungen zu verhüten, zu erkennen, zu heilen oder zu lindern. Für den Tatbestandsausschluss muss der Heileingriff **medizinisch indiziert** gewesen und entweder gelungen sein oder – bei Misslingen – den medizinischen Standards gemäß ausgeführt worden.

Körperverletzungsdelikte, §§ 223–227 (2)

II. § 224: gefährliche Körperverletzung

1. § 224 I Nr. 1

- **Gift** ist jede anorganische oder organische Substanz, die unter bestimmten Bedingungen **chemisch oder chemisch-physikalisch** die Gesundheit zu beeinträchtigen vermag (☞ Morphium, Gase).
- **Andere Stoffe** sind solche, die mechanisch, **thermisch** (☞ kochendes Wasser) **oder biologisch** (☞ Viren) auf den Körper wirken.

- Die Tathandlung **„beibringen"** ist durch jede Verbindung des Tatmittels mit dem Körper des Opfers – gleich auf welche Weise – verwirklicht.
- Das Tatmittel muss **gesundheitsschädlich** sein. Die h.M. lässt dafür nicht schon jede Schädlichkeit genügen. Vielmehr muss das Gift in der konkreten Art und Weise seiner Verwendung geeignet sein, erhebliche Körperverletzungen herbeizuführen.
- Ferner muss die Körperverletzung **„durch"** das Gift oder den Stoff, also gerade aufgrund der Wirkung der beigebrachten Substanz, eingetreten sein.

2. § 224 I Nr. 2

- **Waffe** ist jeder Gegenstand, mit dem man nach seiner Beschaffenheit und **Zweckbestimmung bei der Herstellung** oder Umgestaltung beim Einsatz gegen Menschen erhebliche Verletzungen zufügen kann.
- **Gefährliches Werkzeug** ist jeder Gegenstand, der nach seiner Beschaffenheit und nach seiner **konkreten Verwendung** geeignet ist, erhebliche Verletzungen herbeizuführen.

II. § 224: gefährliche Körperverletzung (Fortsetzung)

2. § 224 I Nr. 2 (Fortsetzung)

- Erfasst sind nur **körperfremde Gegenstände** ☞ Faust (–), aber (+) bei Bewehrungen der Körperteile, z.B. durch Schuh am Fuß oder Siegelring beim Faustschlag. Nach h.M. muss der Gegenstand zudem **beweglich** sein.
- Die eingetretene Verletzung **(„mittels")** und die Eignung zu erheblichen Verletzungen müssen sich **unmittelbar aus dem konkreten Gebrauch** ergeben. Nur mittelbar verursachte gefährliche Verletzungen genügen nicht.

  ☞ Brennende Zigarette bei Zufügung von Brandwunden; **nicht:** Schere zum Abschneiden von Haaren oder Sturzverletzung durch Ausweichen vor dem Auto, mit dem der Täter das Opfer anfahren will.

3. § 224 I Nr. 3

➲ **Überfall** ist jeder plötzliche, unerwartete Angriff auf einen Ahnungslosen. Er ist **hinterlistig**, ➲ wenn der Täter planmäßig berechnend seine wahren Absichten verdeckt, um die Abwehr des Angriffs zu erschweren. (☞ Friedfertiges Auftreten, auf die Lauer legen; nicht bloßer Überraschungsangriff)

- „Mittels" verlangt nach der Rspr. nur eine kausale Verknüpfung zwischen dem listigen Vorgehen und der Körperverletzung.
- Absicht der Verletzung muss der Täter nur bei Anwendung der List haben; bei der Körperverletzungshandlung selbst genügt Eventualvorsatz für eine Verletzung.

Körperverletzungsdelikte, §§ 223–227 (4)

II. § 224: gefährliche Körperverletzung (Fortsetzung)

4. § 224 I Nr. 4

➲ **Gemeinschaftliches** Handeln erfordert das Zusammenwirken von mindestens zwei am Tatort anwesender Personen, von denen nicht alle eigenhändig die Körperverletzung ausführen müssen, sofern die Mitwirkung nur geeignet ist, die Abwehrmöglichkeiten des Opfers zu schwächen.

- Nach dem Wortlaut („mit einem anderen Beteiligten") genügt das Zusammenwirken von Täter und Gehilfe am Tatort. Umgekehrt genügt mittäterschaftliches Verhalten nicht, wenn nur einer der Mittäter am Tatort anwesend ist.

5. § 224 I Nr. 5

➲ **Das Leben gefährdende Behandlung** ist nach h.M. jede Einwirkung, die generell – unter Berücksichtigung des Einzelfalls – geeignet ist, das Opfer in Lebensgefahr zu bringen.

- Der Eintritt einer konkreten Lebensgefahr ist nicht erforderlich.
- „Mittels" verlangt, dass das Gefahrpotenzial unmittelbar im Zusammenhang mit der Körperverletzungshandlung bestanden haben muss.
- Eventualvorsatz für die Lebensgefährlichkeit genügt.

III. § 226: schwere Körperverletzung

§ 226 I ist Erfolgsqualifikation, zusammengesetzt aus einer vorsätzlich-rechtswidrigen Körperverletzung und einer der abschließend aufgezählten gem. § 18 wenigstens fahrlässig (erst recht mit dolus eventualis) herbeigeführten schweren Folgen. Hat der Täter diesbezüglich sogar dolus directus I oder II, ist § 226 II erfüllt.

Nr. 1: Verlust des Sehvermögens (auf einem Auge genügt), des Gehörs (beide Ohren), der Sprache oder der Fortpflanzungsfähigkeit (auch vor Geschlechtsreife)

Nr. 2: Verlust oder Gebrauchsunfähigkeit eines **wichtigen Gliedes**

Glieder sind ➲ solche Körperteile, die mit dem Rumpf oder einem anderen Körperteil durch Gelenke verbunden sind, h.M., also keine inneren Organe usw. Die Wichtigkeit beurteilt sich nach der Bedeutung für den Gesamtorganismus unter Berücksichtigung von Körpereigenschaften und Vorschädigungen des individuellen Opfers.

Nr. 3: **Dauernde Entstellung in erheblicher Weise** (➲ ästhetische Beeinträchtigung des Gesamterscheinungsbildes des Verletzten, deren Ende sich im Voraus nicht bestimmen lässt, und die einen Grad erreicht haben muss, der den anderen Folgen des § 226 vergleichbar ist) oder Verfallen in Siechtum, Lähmung oder geistige Krankheit oder Behinderung

☞ Narben im Gesicht, die eine deutliche Verzerrung der Gesichtsproportionen bewirken, nicht dagegen durch Prothetik zumutbar zu beseitigende Vorderzahnlücken

⚠ § 226 ist bei einer ohne Zeitverzögerung erfolgreichen Tötung regelmäßig nicht erfüllt. Die Merkmale „verletzt" und „dauernd" setzen begrifflich voraus, dass das Opfer die Wirkungen als Minderung der Lebensqualität erlebt.

Die schwere Folge muss zudem das spezifische Risiko gerade der vorsätzlichen Körperverletzung verwirklichen. (Zu diesem qualifikationsspezifischen Zusammenhang auch 🗗 31.)

IV. § 227: Körperverletzung mit Todesfolge

- § 227 ist die durch den Tod des Verletzten erfolgsqualifizierte vorsätzliche und rechtswidrige (!) Körperverletzung.
- In dem Tod muss sich gerade das typische Risiko der Körperverletzung realisiert haben (qualifikationsspezifischer Gefahrzusammenhang). Nach der herrschenden Kausalitätstheorie genügt dabei der Risikozusammenhang zwischen der Verletzungs**handlung** und dem Tod, d.h. der Tod muss nicht spezifische Folge gerade des Verletzungs**erfolges** sein (so die Letalitätstheorie).

  Daher gibt es auch den Versuch einer Körperverletzung mit (tatsächlich eingetretener) Todesfolge.

  ☞ Um sich vor unmittelbar bevorstehenden Schlägen zu schützen, flieht das Opfer und erleidet dabei tödliche Verletzungen (Guben-Fall).

  Ist die Todesfolge durch garantenpflichtwidriges Unterlassen nach einer Körperverletzung durch aktives Tun herbeigeführt worden, genügt es für den spezifischen Gefahrzusammenhang, dass der Täter durch die vorsätzliche Verletzung den später lebensbedrohlichen Zustand herbeigeführt hat.

Körperverletzungsdelikte, §§ 223–227 (7)

V. Konkurrenzen der Körperverletzungsdelikte untereinander

- § 227 verdrängt § 222 und §§ 223, 224 (Spezialität)
- § 226 verdrängt § 224, soweit sich die Gefahr der Strafschärfung des § 224 in der Erfolgsqualifikation realisiert, sonst besteht Tateinheit
- § 224 verdängt § 223 (Spezialität)

VI. Konkurrenzen der Körperverletzungsdelikte zu den Tötungstatbeständen

Jede Tötung enthält eine Körperverletzung als notwendiges Durchgangsstadium. Diese tritt aber hinter einem vollendeten Tötungsdelikt zurück. **Ein Tötungsversuch steht aus Klarstellungsgründen zu einer zugleich bereits vollendeten Körperverletzung in Tateinheit.**

Tötung auf Verlangen, § 216

§ 216 I zeigt zum einen, dass das Opfer in seine eigene (durch aktives Tun von fremder Hand verwirklichte) Tötung nicht rechtfertigend einwilligen kann. Andererseits ist die Tat wegen der Unterordnung unter den Sterbewillen des Opfers lediglich ein Vergehen mit einem ggü. den §§ 211, 212 erheblich gemilderten Strafrahmen. Abzugrenzen ist § 216 von strafloser Mitwirkung am Suizid (🗗 6–8) und strafloser Sterbehilfe (🗗 9).

1. **Tötungsverlangen** ➲ ist eine Aufforderung des Opfers zur eigenen Tötung, gerichtet an Einzelne oder einen Personenkreis.
2. **Ausdrücklichkeit** liegt vor, ➲ wenn die Willensbetätigung des Opfers in eindeutiger, unmissverständlicher Weise durch Worte oder Gesten kundgetan wird.
3. **Ernstlich** ist das Verlangen, ➲ wenn es auf einem freiverantwortlichen Entschluss des Opfers beruht, also wenn das Opfer einsichtsfähig war, keinem Willensmangel unterlag und die Entscheidung zu sterben von innerer Festigkeit und Zielstrebigkeit getragen war.
4. Das Tötungsverlangen muss den Täter außerdem zur Tat **bestimmt** haben. Hier gelten die Grundsätze zu § 26 entsprechend (☞ kein Bestimmen beim omnimodo facturus). Das Tötungsverlangen muss für den Täter (auch neben anderen Motiven) bewusstseinsdominant und handlungsleitend sein. Die Motivation ist persönliches Merkmal i.S.v. § 28.

   ☞ A tötet seine Mutter, die das ernstlich und ausdrücklich verlangt hat. § 216 liegt auch dann vor, wenn A primär aus Mitleid handelt, sich aber zugleich freut, endlich zu erben.

⚠ Unabhängig von dem Verhältnis des § 216 zu §§ 211, 212 (vgl. 🗗 21–25) ist § 216 stets vor §§ 211, 212 zu prüfen, weil diese Norm in jedem Fall §§ 211, 212 ausschließt (Rspr.) oder als unselbstständige Privilegierung dazu führt, dass §§ 211, 212 zurücktreten (Lit.).

Aussetzung, § 221

I. Allgemeines

§ 221 ist konkretes Gefährdungsdelikt und schützt Leben und körperliche Unversehrtheit.
§ 221 II Nr. 1 ist Vorsatzqualifikation vor allem für Eltern, § 221 II Nr. 2 u. III sind Erfolgsqualifikationen.

- **Hilflose Lage** ➲ ist eine Situation, in der sich das Opfer nicht aus eigener Kraft vor dem Eintritt einer Gefahr für seine Gesundheit schützen kann und in der es ohne rettenden Zufall an Leib und Leben gefährdet werden kann.
- **Tathandlungen**

  Nr. 1: Täter kann jedermann sein. **Versetzen** ➲ ist jede Herbeiführung einer vorher noch nicht vorhandenen hilflosen Lage, auch ohne räumliche Trennung des Täters vom Opfer.

  Nr. 2: Täter kann nur eine nach § 13 I als Garant beistandspflichtige Person sein. **Im-Stich-Lassen** (= echtes Unterlassungsdelikt!) ➲ ist jedes Verhalten, durch das der Täter die Beseitigung einer bereits vorhandenen hilflosen Lage unterlässt, obwohl ihm dies tatsächlich möglich und zumutbar ist.
- Folge muss eine **konkrete Gefahr des Todes oder einer schweren Gesundheitsschädigung** sein, d.h. Herbeiführung oder Steigerung eines akut bedrohlichen Zustandes zeitgleich mit oder als gefahrspezifische Folge der hilflosen Lage.
- Der Vorsatz (mindestens dolus eventualis) muss sich auf die Herbeiführung der hilflosen Lage bzw. Nichtbeseitigung sowie auf den Eintritt der konkreten Gefährdung beziehen.

II. Konkurrenzen

- Hinter vollendeten Tötungsdelikten und Körperverletzungsdelikten (i.d.R. zumindest § 224 I Nr. 5) tritt § 221 zurück.

Beteiligung an einer Schlägerei, § 231

I. Allgemeines

§ 231 schützt primär die Allgemeinheit vor der Gefährlichkeit von Schlägereien und indirekt dadurch auch Leib und Leben.

- **Angriff mehrerer** ➲ ist jede in feindseliger Willensrichtung unmittelbar auf den Körper eines anderen abzielende Einwirkung von mindestens zwei Personen.
- **Schlägerei** ➲ ist eine mit gegenseitigen Körperverletzungen verbundene Auseinandersetzung, an der mehr als zwei Personen aktiv mitwirken. Unerheblich ist, ob einer von ihnen rechtmäßig handelt!
- **Beteiligter** ➲ ist jeder, der am Tatort anwesend ist und durch physische oder psychische Mitwirkung in feindseliger Weise an Tätlichkeiten teilnimmt.
- **Eintritt der schweren Folge durch den Angriff/die Schlägerei**
  - Das Merkmal ist **objektive Strafbarkeitsbedingung** und muss deshalb nicht vom Vorsatz umfasst sein. Unerheblich ist, bei wem die schwere Folge eintritt. Dies kann sogar der **Beteiligte selbst** sein, dessen eigene Verletzung dann für § 231 strafbarkeitsbegründend wirkt.
  - Nach umstrittener h.M. spielt es keine Rolle, ob die jeweilige Beteiligung zeitlich **vor, während** oder **nach** der Verursachung der schweren Folge durch die Schlägerei lag. Die Beteiligung selbst muss nicht ursächlich für die schwere Folge werden, wenn der Angriff/die Schlägerei ursächlich war.
- Die Formulierung „ohne dass ihm dies vorzuwerfen ist“ in § 231 II ist nur ein allgemeiner Hinweis auf Rechtfertigungs- oder Entschuldigungsgründe.

II. Konkurrenzen

- Zu Tötungs- und Körperverletzungsdelikten, die durch dieselbe Handlung wie die Beteiligung verwirklicht werden, besteht Tateinheit.

Nötigung, § 240 (1)

I. Allgemeines/Aufbau

§ 240 schützt die individuelle Freiheit der Willensbildung und -betätigung. Ausnahmsweise wird hier die Rechtswidrigkeit nicht schon durch tatbestandliches Handeln indiziert, vielmehr ist diese gem. § 240 II positiv festzustellen. § 240 IV 2 enthält einen Regelbeispielskatalog für besonders schwere Fälle. Aufbau:

I. Tatbestand 1. Gewalt oder Drohung mit empfindlichem Übel 2. Tun/Dulden oder Unterlassen als Eintritt des Nötigungserfolges 3. Kausaler und nötigungsspezifischer Zusammenhang zwischen Nötigungsmittel und -erfolg 4. Vorsatz	II. Rechtswidrigkeit, § 240 II 1. Allgemeine Rechtfertigungsgründe 2. Verwerflichkeit der Zweck-Mittel-Relation, indiziert bei körperlicher Gewalt III. Schuld IV. Besonders schwerer Fall, § 240 IV

II. Nötigungsmittel: Gewalt

Herrschend ist ein (eingeschränkter) vergeistigter Gewaltbegriff. Darunter fällt ➲ jede Kraftentfaltung, durch die physischer oder psychischer Zwang entsteht, den das Opfer als körperlichen Zwang empfindet.

☞ Dichtes Auffahren mit Schall- und Lichtzeichen zur Erzwingung der Freigabe der Spur.

- Durch Einbeziehung psychisch vermittelten Zwangs mit körperlicher Auswirkung kann auch **Gewalt gegen Sachen** mittelbar Gewalt gegen eine Person sein (☞ Ausräumen der Wohnung durch den Vermieter).

Nötigung, § 240 (2)

II. Nötigungsmittel: Gewalt (Fortsetzung)

- Aber nach Vorgabe des BVerfG – deshalb eingeschränkter vergeistigter Gewaltbegriff – ist keine Gewalt gegeben, wenn psychischer Zwang **ausschließlich durch die Anwesenheit einer Person an einem bestimmten Ort** erzeugt wird.

  ☞ Durch eine Sitzblockade auf den Gleisen verhindert S die Weiterfahrt der Straßenbahn: Keine Nötigung des Fahrers; gegeben ist aber §§ 240, 25 I Alt. 2 in Bezug auf nachfolgende Straßenbahnen, die durch das Hindernis der ersten Straßenbahn mit dem aus § 34 gerechtfertigten Zugführer (Tatmittler) nicht nur psychisch, sondern physisch an der Weiterfahrt gehindert sind (sog. Zweite-Reihe-Rspr.).

III. Nötigungsmittel: Drohung

Drohung ist ➲ das Inaussichtstellen eines künftigen Übels, auf dessen Eintritt der Täter Einfluss hat oder zu haben vorgibt, bei gleichzeitigem Verlangen eines bestimmten Verhaltens zur Vermeidung des Übels.

- Drohung meint also in Abgrenzung zur Gewalt keine Willensbeugung durch gegenwärtige, sondern zukünftige Übelszufügung.
- Als **„empfindliches Übel"** kommt jeder Nachteil in Betracht, es sei denn, dass erwartet werden kann, dass das Opfer der Drohung in besonnener Selbstbehauptung standhält. Dabei stellt der BGH auf den individuell Bedrohten in der konkreten Situation ab.

  ☞ Ausreichend ist die Ankündigung dienstlicher Repressalien aufgrund persönlicher Beziehungen des Drohenden zu Vorgesetzten eines Beamten, nicht ausreichend ist die Ankündigung einer Dienstaufsichtsbeschwerde.

- Ohne Miterklärung einer **Verhaltensalternative** keine Drohung, selbst wenn der Täter dadurch sein Ziel erreicht.

  ☞ A hält dem Polizisten P eine Pistole vor und provoziert so – wie vorher beabsichtigt – seine eigene Festnahme.

Nötigung, § 240 (3)

III. Nötigungsmittel: Drohung (Fortsetzung)

- Nach h.M. genügt auch das **Drohen mit einem Unterlassen**, unabhängig davon, ob eine Pflicht zum Handeln besteht oder nicht (☞ der Täter droht damit, das eingeklemmte Opfer nicht zu befreien). Die Verwerflichkeit, § 240 II, verlangt dann aber, dass durch das Unterlassen die Verhältnisse des Opfers verschlechtert, nicht nur nicht verbessert würden, oder dass die Fortdauer des Übels wie eine erneute Zufügung wirkt (status-quo-Formel).

IV. Nötigungserfolg

- Die Nötigung ist vollendet, wenn das Opfer mit dem von ihm geforderten **Verhalten begonnen** hat.
- Bei einer **Duldung** genügt zur Tatvollendung nicht schon die bloße Hinnahme des Zwangsmittels; erforderlich ist die Hinnahme einer weiteren Handlung des Täters oder Dritten.

  ☞ A hält den B fest, um ihn zu verprügeln. – Vollendete Nötigung (gewaltsame Duldung des Festhaltens) in Tateinheit mit Körperverletzung.

  Auch durch vis absoluta kann nach h.M. eine Duldung erzwungen werden, selbst wenn das Opfer dann gar nicht mehr handlungsfähig ist.

  ☞ A schlägt B bewusstlos, um ihn ungestört durchsuchen zu können. – Vollendete Nötigung

  ⚠ Bei Tötung des Opfers kann die Nötigung nicht mehr vollendet werden.
- Eine **Unterlassung** wird nur dann als Vollendung der Nötigung erreicht, wenn das Opfer zu dem verhinderten Verhalten tatsächlich willens und fähig gewesen wäre.

Nötigung, § 240 (4)

V. § 240 II

1. Zuerst ist zu erörtern, ob ein Rechtfertigungsgrund für das Verhalten des Täters eingreift. Nur wenn das nicht der Fall ist, muss geprüft werden, ob die Verknüpfung von Nötigungsmittel und Nötigungsziel verwerflich, d.h. nach allgemeinem Urteil sittlich zu missbilligen ist.
2. Liegt Gewalt in Form physischer Zwangswirkung infolge körperlichen Kraftaufwandes vor (enger Gewaltbegriff), indiziert dies die Verwerflichkeit.
3. Im Übrigen ist wie folgt zu prüfen:

a) **Einsatz eines verwerflichen Mittels?**	b) **Verfolgung eines verwerflichen Nötigungsziels?**	c) **Verwerfliche Zweck-Mittel-Relation?**
Regelmäßig führt der Einsatz eines verwerflichen Mittels auch dann zur Verwerflichkeit, wenn ein an sich erlaubtes Ziel verfolgt wird. ☞ X zwingt seinen Mieter mit vorgehaltener Waffe zur Zahlung der fälligen Miete.	Auch wenn ein an sich erlaubtes Mittel eingesetzt wird, kann sich die Verwerflichkeit aus einem zu missbilligenden Zweck ergeben. ☞ X droht damit, die Täterin einer Straftat anzuzeigen, wenn sie nicht etwas für ihn stiehlt.	Auch wenn Zweck und Mittel isoliert betrachtet legitim sind, kann die Verknüpfung gleichwohl verwerflich sein, wenn der **innere Zusammenhang** fehlt oder ein **Missverhältnis** vorliegt. ☞ Drohung mit einer Strafanzeige zur Erzwingung der Begleichung einer Schuld aus einem anderen Vorfall.

VI. Konkurrenzen zu anderen Delikten

- Soweit ein anderer Straftatbestand Nötigungselemente enthält (insbes. §§ 113, 177, 239 a, b, 249, 252, 253) und soweit die Nötigung nur Teil der Tatbestandsverwirklichung ist, wird § 240 als gesetzeskonkurrierend verdrängt.
- Nötigung verdrängt Freiheitsberaubung gem. § 239, soweit letztere nur typische Begleiterscheinung ist und nicht über die Verwirklichung der Nötigung hinausgeht (zum umgekehrten Konkurrenzverhältnis ⧉ 40).
- Die Bedrohung gemäß § 241 (⧉ 42) tritt als abstraktes Gefährdungsdelikt hinter der (auch nur versuchten) Nötigung als Erfolgsdelikt zurück (Subsidiarität).

Freiheitsberaubung, § 239

I. Allgemeines

- Taterfolg ist der auch nur wenige Minuten andauernde physische Verlust der Freiheit, einen Ort zu verlassen. Ausreichend sind auch äußere Umstände oder Drohungen, wenn die Ortsveränderung zwar möglich wäre, aber mit Leibes- oder Lebensgefahr für das Opfer verbunden wäre. Opfer der Tat kann jeder sein, der die Möglichkeit zur Ortsveränderung hat, unabhängig davon, ob er die Tathandlung bemerkt, **potenzielle Fortbewegungsfreiheit** (☞ vorübergehendes Einsperren einer anderweitig beschäftigten Person; bei Schlafenden str.).
- Tathandlung des Grundtatbestandes in Abs. 1 ist das **Einsperren** (1. Alt.) ➲ Verhindern des Verlassens eines Raumes durch äußere Vorrichtungen, oder die Herbeiführung des Erfolgs **auf andere Weise** (2. Alt.) (☞ Fesseln, Festhalten).
- Ist das Opfer einverstanden, ist der Tatbestand ausgeschlossen. Das Einverständnis kann jederzeit widerrufen werden. Ein durch List erlangtes Einverständnis ist unwirksam.
- Die Abs. 3 Nr. 2, Abs. 4 enthalten Erfolgsqualifikationen, wenn das Opfer im Zusammenhang mit der Tat schwer verletzt oder getötet wurde. Abs. 3 Nr. 2, die Freiheitsberaubung über eine Woche, ist nach h.M. Vorsatzqualifikation.

II. Konkurrenzen

- Freiheitsberaubung verdrängt Nötigung, soweit letztere nur dazu dient, die Freiheitsberaubung zu ermöglichen.
- Tateinheit – insbesondere zu allen Tatbeständen mit Nötigungscharakter – besteht aber, soweit die Freiheitsberaubung besonderes Eigengewicht erlangt – insbesondere soweit sie selbst Nötigungsmittel ist.
- Freiheitsberaubung tritt hinter allen Delikten – insbesondere Nötigung – zurück, bei denen der Verlust der Fortbewegungsfreiheit typische Begleiterscheinung ist.

Geiselnahme, § 239 b; Nachstellung, § 238

I. Geiselnahme, § 239 b

Die Ausführungen zu § 239 a (vgl. 75–77 BT 1 Vermögensdelikte) gelten entsprechend mit der Besonderheit, dass anstelle der erpresserischen Absicht bei § 239 b jedes Nötigungsziel beabsichtigt sein kann, aber nur Drohungen mit dem Tod oder einer schweren Körperverletzung oder einer Freiheitsentziehung von mehr als einer Woche tatbestandlich sind.

⚠ Klausurfalle: Entführt oder bemächtigt sich der Täter eines Opfers, um eine rechtmäßige Forderung mittels einer der genannten schweren Drohungen durchzusetzen, entfällt zwar mangels Erpressungsabsicht § 239 a, erfüllt ist aber trotzdem § 239 b.

II. Nachstellung, § 238

In Abs. 1 ist der als „Eignungsdelikt" gefasste Grundtatbestand zum Schutz vor „Stalkern" enthalten. Abs. 2 enthält eine vorsatzbedürftige Gefährdungsqualifikation, Abs. 3 eine Erfolgsqualifikation.

1. Die Tathandlung des **Nachstellens** in Abs. 1 erfasst ➲ alle Handlungen, die darauf ausgerichtet sind, durch Annäherungen an das Opfer in dessen persönlichen Lebensbereich einzugreifen und dadurch seine Handlungs- und Entschließungsfreiheit zu beeinträchtigen.
2. Das Nachstellen muss auf eine der in Abs. 1 **Nr. 1–5** beschriebenen Weisen **unbefugt** geschehen.
3. Zudem muss der Täter **beharrlich** handeln, d.h. ➲ objektiv wiederholt und subjektiv unter Missachtung des entgegenstehenden Willens des Opfers sowie in der Absicht, sich auch in Zukunft entsprechend zu verhalten.
4. Die Tathandlung muss nur **geeignet** sein, zu einer **schwerwiegenden Beeinträchtigung der Lebensgestaltung** des Opfers, also ➲ dem Zwang zu einer gravierenden Veränderung der Lebensumstände, zu führen.

Inhaltsverzeichnis (1)

➲ Definition ⚠ Beachte ☞ Beispiel

Inhaltsverzeichnis (2)

Definition   Beachte   Beispiel

Inhaltsverzeichnis (3)

Bedrohung, § 241

§ 241 schützt als reines Tätigkeitsdelikt und damit als abstraktes Gefährdungsdelikt das Rechtssicherheitsinteresse bzw. den inneren Rechtsfrieden des Einzelnen. Die Strafvorschrift wurde jüngst verschärft und ist in der Neufassung seit dem 03.04.2021 in Kraft:

- § 241 I erfasst die **Inaussichtstellung einer bevorstehenden rechtswidrigen Tat gegen die sexuelle Selbstbestimmung** (§§ 174 ff.), **persönliche Freiheit** (§ 239) oder **gegen Sachen von bedeutendem Wert** (§§ 303 ff.), auf dessen Eintritt der Täter sich Einfluss zuschreibt und die entweder den Bedrohten oder einen ihm nahestehenden Dritten treffen soll. Im Unterschied zur Drohung bei § 240 braucht der Täter nicht zu verlangen, dass sich der Bedrohte seinem Willen beugt.
- § 241 II verschärft die Strafe bei Androhung eines Verbrechens.
- § 241 III stellt die **Vortäuschung eines Verbrechens** unter dieselbe Strafe wie in Abs. 2, soweit die Tat nicht bereits von Abs. 1 erfasst ist, also die
  - Warnung vor einem angeblichen, in Wahrheit und nach Kenntnis des Täters nicht bevorstehenden Verbrechen sowie
  - den falschen Schein des gegenwärtigen Vollzugs eines Verbrechens.
- § 241 IV enthält eine weitere Strafschärfung, wenn die Tat öffentlich, in einer Versammlung oder durch Verbreiten eines Inhalts (§ 11 III) erfolgt
- § 241 V verlangt für die Bedrohung einen Strafantrag, wenn auch die angedrohte Tat ein Antragsdelikt ist.

Konkurrenzen

Hinter der – auch nur versuchten – Nötigung gemäß § 240 oder einer Tat nach §§ 239 a, b, 249, 255 tritt § 241 zurück.

Ehrverletzungsdelikte, §§ 185 ff. (1)

I. Allgemeines/Systematik

Schutzgut der §§ 185 ff. ist die **Ehre**, d.h. ➲ der verdiente Geltungsanspruch eines Ehrträgers durch dessen sittliches Verhalten und das Fehlen elementarer Unzulänglichkeiten. Ausformungen sind die innere Ehre als ➲ Achtungsanspruch vor sich selbst und äußere Ehre, also ➲ der gute Ruf. Systematik:

§ 185: Beleidigung	**§ 186: Üble Nachrede**	**§ 187: Verleumdung**
▪ Negative Werturteile ggü. Ehrträger ▪ Negative Werturteile über Ehrträger ggü. Dritten ▪ Ehrenrührige Tatsachenbehauptungen ggü. Ehrträger	Ehrenrührige Tatsachenbehauptungen über Ehrträger ggü. Dritten	Ehrenrührige Tatsachenbehauptungen ggü. Dritten
Objektive Tb.-Voraussetzung ist bei der Tatsachenbehauptung deren **Unwahrheit**, auf die sich der Vorsatz erstrecken muss.	Die **Unwahrheit** der Behauptung ist **kein Tb.-Merkmal**, aber die **Nichterweislichkeit der Wahrheit** ist **objektive Strafbarkeitsbedingung**, sodass Zweifel zulasten des Täters gehen (gesetzliche Durchbrechung von „in dubio pro reo“).	**Objektive Tb.-Voraussetzung** ist die **Unwahrheit**, bzgl. derer/welcher der Täter sogar positive Kenntnis haben muss.

- Ausnahmsweise ist auch die Äußerung einer wahren Tatsache gem. **§§ 185, 192** strafbar, wenn sich aus der Form oder sonstigen Umständen eine **tatsacheninadäquate Herabwürdigung** ergibt.

  ☞ Bei der Hochzeitsrede berichtet der Redner detailliert über das frühere Sexualleben der Braut.

- **§ 189**, Verunglimpfung des Andenkens Verstorbener, schützt nach h.M. das Pietätsgefühl der Angehörigen und nicht die fortbestehende Ehre des Verstorbenen.

Ehrverletzungsdelikte, §§ 185 ff. (2)

II. Angriffsmittel

Tatsachen ➲ Ereignisse, Vorgänge, Zustände der Außen- oder Gedankenwelt, die in der Vergangenheit oder Gegenwart liegen und dem Beweis zugänglich sind.

⟷ bei gemischten Äußerungen entscheidet der Schwerpunkt

Werturteile ➲ Äußerungen, die durch Elemente der Stellungnahme, des Meinens geprägt sind und deren Richtigkeit oder Unrichtigkeit Sache persönlicher Überzeugung ist.

III. Tathandlungen

Allgemein: Kommunikation eines eindeutig ehrmindernden Gedankeninhalts

„beleidigen" (§ 185)	**„behaupten"** (§§ 186, 187)	**„verbreiten"** (§§ 186, 187)
➲ Kundgabe der eigenen Missachtung oder Nichtachtung, 1. Alt.; qualifiziert bei tätlicher Beleidigung, 2. Alt.	➲ Äußerung einer Tatsache als Gegenstand eigenen Wissens	➲ Weitergabe einer Tatsache als Gegenstand fremden Wissens

- Nicht erfasst wird die bloße Schaffung einer kompromittierenden Situation oder Tatsachenlage, bei der die Ehrverletzung erst durch eine Schlussfolgerung entsteht.

  ☞ Unterschieben von Diebesgut

- Nicht erfasst werden Selbstgespräche und Äußerungen im engsten Lebenskreis und gegenüber einem nach § 203 Schweigepflichtigen (= „beleidigungsfreie Sphäre").

Ehrverletzungsdelikte, §§ 185 ff. (3)

IV. Ehrträger

- Beleidigungsfähig sind **lebende Menschen**, daneben auch **Personengesamtheiten**, sofern sie abgrenzbar sind, einen einheitlichen Willen bilden können und eine rechtlich anerkannte Funktion erfüllen.

  ☞ Bundeswehr, Parteien (+); Polizei (–)

- Möglich ist auch eine Beleidigung **individueller Ehrträger** unter einer **Sammelbezeichnung**. Dabei ist zu unterscheiden:

Individualbeleidigung unter einer Sammelbezeichnung	Beleidigung aller Angehörigen einer Gruppe
wenn der Täter die Erklärung in Bezug auf eine überschaubare Gruppe so formuliert, dass zwar eine einzelne Person angesprochen wird, aber offen bleibt, wer gemeint ist. ☞ „In der Regierung des Landes L befindet sich ein Mitglied, das häufig Prostituierte besucht": Alle Regierungsmitglieder sind individuell beleidigt!	wenn die Erklärung auf alle Mitglieder der Gruppe abzielt, sich diese aufgrund äußerer Merkmale so deutlich aus der Allgemeinheit hervorhebt, dass der Kreis der Betroffenen klar abgegrenzt ist und wenn der Inhalt der Äußerung hinreichenden Individualbezug aufweist. ☞ Bezeichnung aller Soldaten als Folterknechte: Alle Soldaten sind individuell beleidigt. Nicht dagegen das bloße Tragen eines T-Shirts mit der Abkürzung A.C.A.B. (= All Cops Are Bastards).

Ehrverletzungsdelikte, §§ 185 ff. (4)

V. Wahrnehmung berechtigter Interessen, § 193

§ 193 enthält besondere Rechtfertigungsgründe für Ehrverletzungen. Der wichtigste ist die Äußerung zur „Wahrnehmung berechtigter Interessen". Prüfungsfolge:

1. Anwendbarkeit nur für Werturteile und nicht erweislich wahre Tatsachen (kein Recht zur Lüge!)
2. Vorliegen eines objektiv berechtigten Interesses
3. Objektiv geeignete, den Umständen nach erforderliche und auch angemessene Wahrung durch die Äußerung; dafür: umfassende Abwägung des Ehrschutzes mit der Meinungsfreiheit (Art. 5 GG).
   Gilt nicht bei Formalbeleidigungen, Angriffen auf die Menschenwürde, Schmähungen, also ➲ Äußerungen, bei denen die Diffamierung der Person im Vordergrund steht.
   ☞ Schimpfwörter aus der Fäkalsprache
4. Subjektiv: Absicht der Interessenwahrnehmung

VI. Strafantrag

Alle Ehrverletzungsdelikte sind antragsbedürftig, § 194. Besonderheiten gelten für Beleidigungen von Volksgruppen, die durch das NS-Regime verfolgt wurden.

VII. Konkurrenzen innerhalb der §§ 185 ff. bei derselben Handlung

Soweit eine ehrenrührige Tatsachenäußerung sowohl an den Ehrträger als auch an Dritte gelangt, besteht zur Klarstellung der Verletzung der inneren und äußeren Ehre Tateinheit zwischen §§ 185/186, 187. Sonst tritt § 185 zurück.

Hausfriedensbruch, § 123

Schutzgut des § 123 ist das individuelle Hausrecht.

- Schutzobjekte nach Abs. 1 sind abschließend:
  - **Wohnung** ➲ jeder – auch bewegl. – Raum, der Menschen als Unterkunft dient o. zur Benutzung freisteht
  - **Geschäftsraum** (☞ Büroraum, Laden)
  - **Befriedetes Besitztum** ➲ jede unbewegliche Sache, die in äußerlich erkennbarer Weise mittels zusammenhängender Schutzwehren gegen willkürliches Betreten durch andere gesichert ist
  - **Abgeschlossene Räume** ➲ solche, die durch physische Hindernisse gegen unbefugtes Betreten gesichert sind, **die zum öffentlichen Dienst oder Verkehr bestimmt sind** (☞ Verwaltungsgebäude, Busse, Bahnen)
- Tathandlungen des § 123 I sind alternativ:

  1. Alt.: **Eindringen** ➲ Betreten des Schutzobjekts gegen/ohne den Willen des Hausrechtsinhabers (sodass dessen Einverständnis schon tatbestandsausschließend wirkt, nach h.M. auch, wenn es erschlichen wurde!). Das gilt nach h.M. auch, wenn der Täter einen Raum in deliktischer Absicht betritt, zu dem eine **generelle Zutrittserlaubnis** vorliegt, solange das äußere Erscheinungsbild den erkennbaren Anforderungen der generellen Zutrittserlaubnis entspricht (☞ Warenhausdiebstahl); ⚠sehr klausurrelevante Problematik!

  Möglich ist nach h.M. auch **Eindringen durch Unterlassen** (§ 13 I) (☞ indem der Täter sich z.B. nach Wegfall einer zeitlich begrenzten Zutrittserlaubnis nicht entfernt).

  2. Alt.: **Verweilen ohne Befugnis trotz Aufforderung zum Verlassen** (subsidiär ggü. der 1. Alt.)
- Das Hausrecht bei Mietwohnungen hat nach h.M. grds. der Mieter, und zwar auch ggü. dem Vermieter. Das gilt selbst dann, wenn das Mietverhältnis aufgelöst ist, der Mieter das Hausrecht aber faktisch nicht aufgibt.
- Die Tat ist nur auf Antrag verfolgbar, § 123 II.

Verletzung von Privatgeheimnissen, §§ 203 ff.

§ 203 schützt als Sonderdelikt die Wahrung von persönlichen Geheimnissen. Abs. 1–4 S. 1 betreffen den eigentlichen Geheimnisverrat. Abs. 4 S. 2 bestraft als echtes Unterlassungsdelikt die Nichtverpflichtung mitwirkender Personen unter der objektiven Strafbarkeitsbedingung, dass diese ein Geheimnis Dritten offenbart haben. Abs. 6 ist Qualifikation bei Handeln gegen Entgelt/in Bereicherungsabsicht/Schädigungsabsicht. § 204 erfasst als selbstständiges Sonderdelikt die Verwertung fremder Geheimnisse ohne Offenbarung.

- Täter der §§ 203, 204 sind abschließend aufgezählt:
  - Primär Berufsgruppen, insbesondere Ärzte und Rechtsanwälte (Abs. 1), Amtsträger u.a. Personen im öffentlichen Bereich (Abs. 2),
  - Mitwirkende Personen (Abs. 3).
- **Geheimnisse** ➲ sind Tatsachen, die nur einem beschränkten Personenkreis bekannt sind und an deren Geheimhaltung derjenige, den sie betreffen, ein sachlich begründetes Interesse hat. **Fremd** ist es, wenn es eine andere Person betrifft. Das gilt auch nach dem Tod des Betroffenen, Abs. 5 S. 1.
  - Nach h.M. sind auch Drittgeheimnisse uneingeschränkt geschützt, d.h. solche, die aus dem Lebensbereich eines Dritten stammen, der in keiner Vertrauensbeziehung zum Täter steht.
  - Dem Geheimnis gleichgestellt sind von der Verwaltung gespeicherte persönliche Informationen, die nicht offenkundig sind, § 203 II 2 (☞ Halterdateien der Straßenverkehrsämter).
- **Offenbaren** ➲ ist jede Mitteilung an einen Dritten, der die Information vorher nicht sicher kannte, **Tatbestandsausschluss nach Abs. 3 S. 1**.
- Für die Strafverfolgung ist grundsätzlich ein Strafantrag erforderlich, § 205.

Verletzung der Vertraulichkeit des Wortes (§ 201), des höchstpers. Lebensbereichs (§ 201 a), des Briefgeheimnisses (§ 202) (1)

I. § 201: Verletzung der Vertraulichkeit des Wortes

Schutzgut ist die Privatsphäre des Einzelnen.

- Schutzobjekt ist das **nicht öffentlich gesprochene Wort** eines anderen, ➲ die unmittelbar (= „live") gemachte stimmliche Äußerung eines Gedankens, die nicht für einen nach Zahl und Individualität unbestimmten Personenkreis vorgesehen ist.
- **Abhörgeräte** i.S.v. Abs. 2 Nr. 1 sind nur technische Vorrichtungen, die das gesprochene Wort über dessen normalen Klangbereich hinaus hörbar machen (☞ Richtmikrofon; nicht: Zweithörer oder Einbaulautsprecher).
- **„so hergestellte Aufnahme"** i.S.d. Abs. 1 Nr. 2 verlangt nach h.M. eine unbefugte Aufnahme, sodass der Umgang mit rechtmäßig hergestellten Aufnahmen nicht tatbestandlich ist.

II. § 201 a: Verletzung des höchstpersönlichen Lebensbereichs durch Bildaufnahmen

Vorschrift zum Schutz der Privatsphäre vor unbefugtem Filmen und Fotografieren („Paparazzi-Paragraph")

§ 201 a I Nr. 1–3 und III enthalten verschiedene Tatbestände unbefugter Herstellung:

Nr. 1 von anderer Person, die sich in einer Wohnung (wie in § 123) oder in einer gegen unbefugten Einblick besonders geschützten Räumlichkeit (☞ Sauna, Umkleidekabine) befindet, mit der Folge der Verletzung des höchstpersönlichen Lebensbereichs

Nr. 2 Zurschaustellen der Hilflosigkeit einer Person und dadurch Verletzung des höchstpersönlichen Lebensbereichs der abgebildeten Person

Nr. 3 Zurschaustellen von Toten in grob anstößiger Weise (seit 01.01.2021)

Verletzung der Vertraulichkeit des Wortes (§ 201), des höchstpers. Lebensbereichs (§ 201 a), des Briefgeheimnisses (§ 202) (2)

II. § 201 a: Verletzung des höchstpersönlichen Lebensbereichs durch Bildaufnahmen (Fortsetzung)

I Nr. 1–3 und III (Fortsetzung)

III Nr. 1 Abbildung einer nackten Person unter 18 Jahren in der Absicht der Verschaffung an Dritte gegen Entgelt

Tathandlungen:
1. Alt.: Herstellen ➲ jede Form der Bildaufnahme (☞ Foto-Handy)
2. Alt.: Übertragen ➲ jede Form der Bildübermittlung (☞ Webcam, Spycam)

I Nr. 4, 5; III Nr. 1 Alt. 2, Nr. 2 enthalten Tatbestände des Gebrauchs.

IV Tatbestandsausschlüsse bei Handlungen in Wahrnehmung berechtigter Interessen

III. § 202: Verletzung des Briefgeheimnisses

Schutzobjekt sind **Schriftstücke** ➲ Verkörperung eines gedanklichen Inhalts durch Schriftzeichen, **Abbildungen** (Abs. 3) und **Briefe**.

Das Tatobjekt darf **nicht zur Kenntnis des Täter bestimmt** sein.

Das Schriftstück muss **verschlossen** sein ➲ mit einer Vorkehrung versehen sein, die die Kenntnisnahme durch Dritte erschweren soll (Nr. 1; ☞ zugeklebter Briefumschlag) oder es muss durch ein verschlossenes Behältnis (wie in § 243 I 2 Nr. 2 ≠ umschlossener Raum) besonders gesichert sein.

Datenausspähung (§ 202 a) bis Datenhehlerei (§ 202 d)

I. Datenausspähung, § 202 a

Geschützt sind alle **Daten**, also ➲ alle durch Zeichen oder Funktionen dargestellten Informationen, die Mittel oder Ergebnis eines EDV-Vorgangs sein können und nicht unmittelbar wahrnehmbar sowie gespeichert sind oder übermittelt werden. Diese dürfen **für den Täter nicht bestimmt** sein und müssen **gegen unberechtigten Zugang besonders gesichert** sein. Tathandlung ist das Sich- oder einem anderen **Zugang-Verschaffen unter Überwindung der Datensicherung**. Das Erlangen der Daten ist nicht erforderlich.

II. Abfangen von Daten, § 202 b

Strafvorschrift gegen Handlungen, sich/einem Dritten unter Anwendung technischer Mittel (Phishing-Sites, Trojaner oder andere Schadprogramme) Daten (i.S.v. § 202 a II) zu verschaffen, die nicht zur Kenntnis des Täters bestimmt sind, und zwar während nicht öffentlicher Datenübermittlung oder während elektromagnetischer Abstrahlung einer Datenverarbeitungsanlage.

III. Vorbereitung des Ausspähens und Abfangens von Daten, § 202 c

Verbot, das als Vorstufe zur Tat nach § 202 a oder § 202 b u.a. schon das Sichverschaffen/Überlassen von Passwörtern und sonstigen Sicherungscodes (Abs. 1 Nr. 1) oder von „Hacker-Tools" unter Strafe stellt.

IV. Datenhehlerei, § 202 d

Strafnorm zum Schutz vor Verschaffung, Überlassung, Verbreitung oder Zugänglichmachen von Daten, die ein anderer durch rechtswidrige Vortat erlangt hat, in Schädigungs- oder Bereicherungsabsicht. Nach Abs. 3 Tatbestandsausschluss für Handlungen ausschließlich in Erfüllung dienstlicher Pflichten.

Gefährlicher Eingriff in den Straßenverkehr, § 315 b (1)

I. Allgemeines/Aufbau

Im Unterschied zu § 315 c schützt § 315 b die Sicherheit des Straßenverkehrs bei konkreter Gefährdung bestimmter Schutzobjekte durch Eingriffe **von außen** (☞ Steine von der Autobahnbrücke werfen), während § 315 c grds. abschließend (!) **verkehrsinternes** Verhalten erfasst. § 315 b enthält drei streng zu trennende Vorwerfbarkeitsformen. Aufbau:

Vorsatzdelikt, § 315 b I	**Vorsatz-Fahrlässigkeits-Kombination, § 315 b IV i.V.m. I**	**Fahrlässigkeitsdelikt, § 315 b V i.V.m. I**
I. Tatbestand	I. Tatbestand	I. Tatbestand
1. Verwirklichung einer der in § 315 b I Nr. 1–3 genannten Tatmodalitäten mit Eingriffscharakter	→ wie § 315 b I	→ wie § 315 b I
2. dadurch Beeinträchtigung der Sicherheit des Straßenverkehrs	→ wie § 315 b I	→ wie § 315 b I
3. dadurch konkrete Gefährdung anderer oder fremder Sachen von bedeutendem Wert (ab 750 €, str.)	→ wie § 315 b I	→ wie § 315 b I
4. Vorsatz bzgl. der Tb.-Merkmale 1.–3.	4. Vorsatz bzgl. der Tb.-Merkmale 1.–2. 5. Fahrlässigkeit in Bezug auf Tb.-Merkmal 3.	4. Fahrlässigkeit in Bezug auf TB-Merkmal 1.–3.
II. Rw./Schuld	II. Rw./Schuld ⚠ Wegen § 11 II Teilnahme möglich	II. Rw./Schuld

Gefährlicher Eingriff in den Straßenverkehr, § 315 b (2)

II. Eingriff

Ausnahmsweise kann auch ein Verhalten im ruhenden oder fließenden Verkehr als sog. **„Innen-Eingriff“** von § 315 b erfasst sein, wenn der Verkehrsteilnehmer den Verkehrsvorgang „pervertiert“. Erforderlich ist dafür:

- Objektiv eine grobe Einwirkung von einigem Gewicht
- und subjektiv:
  - verkehrsfeindliche Absicht, insbesondere ein Fahrzeug als gefährliches Werkzeug zu zweckentfremden
  - und zumindest bedingter **Schädigungsvorsatz** für andere oder Sachen von bedeutendem Wert

⚠ Das Zufahren auf einen Halt gebietenden Polizisten ist also nur dann nach § 315 b strafbar, wenn der Täter zumindest dolus eventualis bzgl. einer Verletzung des Beamten hatte. Bloßer Gefährdungsvorsatz genügt nicht!

III. Beeinträchtigung der Sicherheit des Straßenverkehrs

Täter und Opfer müssen sich zumindest beim Versuchsbeginn im (faktisch) öffentlichen Verkehrsraum befunden haben. Dann kann die Gefährdung auch außerhalb des öffentlichen Verkehrsraums eingetreten sein.

IV. Eintritt der konkreten Gefährdung

- Folge der Tathandlung muss die konkrete Gefährdung anderer oder fremder Sachen von bedeutendem Wert in bedeutendem Umfang sein (Wertuntergrenze: 750 €). In der Klausur müssen alle infrage kommenden Gefährdungsobjekte angesprochen werden. Nicht geschützt sind:
  - → der **Täter** selbst (≠ anderer)
  - → **Teilnehmer** (h.M.)
  - → das **vom Täter geführte Fahrzeug** (Mittel der Gefährdung kann nicht zugleich Objekt der Gefährdung sein)
- Im Übrigen liegt die erforderliche Konkretisierung der Gefährdung erst bei einem sog. „Beinahe-Unfall“ vor, also wenn der Eintritt oder das Ausbleiben des Schadens nur noch vom Zufall abhing.

Gefährlicher Eingriff in den Straßenverkehr, § 315 b (3)

V. Tatbestandsspezifischer Zusammenhang zwischen Tathandlung und konkreter Gefährdung

Bloße Kausalität zwischen der Tathandlung und dem Eintritt der konkreten Gefährdung genügt nicht. Zusätzlich muss die konkrete Gefährdung spezifische Folge einer Verkehrsgefahr sein, d.h. verkehrstypischer Fortbewegungskräfte **(Dynamik des Straßenverkehrs)**.

Die konkrete Gefährdung kann dann auch zeitgleich mit dem Eingriff verwirklicht werden.

☞ Wurf eines Gullideckels auf ein herannahendes Kfz; nicht ausreichend ist dagegen die Beschädigung eines Kfz losgelöst von einem Verkehrsvorgang.

VI. § 315 b III i.V.m. § 315 III

⚠ Diese Strafschärfung ist bei Bejahung des § 315 b I praktisch immer anzusprechen, wird aber häufig übersehen:

Nr. 1 a: Handeln in der Absicht, einen Unglücksfall herbeizuführen: ➲ Der Täter muss das Ziel verfolgen, nicht nur eine Gefahr, sondern einen Schaden durch ein plötzliches Ereignis herbeizuführen.

Nr. 1 b: Handeln in Ermöglichungs- oder Verdeckungsabsicht (wie § 211, vgl. 🗗 15–17). Auch hier muss der Eingriff funktionales Mittel zur Ermöglichung weiteren Unrechts sein und darf nicht vollständig deckungsgleich mit der Begehung sein (☞ kein § 315 b III i.V.m. § 315 III Nr. 1 b, wenn der Täter zugleich mit seinem Eingriff nur eine Sachbeschädigung gem. § 303 begeht und begehen will).

Nr. 2: Herbeiführung der schweren Gesundheitsschädigung eines Einzelnen (nicht notwendig § 226, z.B. auch erhebliche Beeinträchtigung anderer körperlicher Fähigkeiten) oder der einfachen Gesundheitsschädigung einer großen Zahl von Menschen (nach der Rspr. genügen 14 Personen).

Gefährdung des Straßenverkehrs, § 315 c; Trunkenheit im Verkehr, § 316 (1)

I. 315 c

Die Vorschrift erfasst grds. alle **straßenverkehrsinternen Verhaltensweisen** abschließend (zur Überwindung dieser Tb.-Sperre 53). § 315 c ist **eigenhändiges** Delikt. Ebenso wie in § 315 b unterscheidet § 315 c in Abs. 1 die Vorsatztat, in Abs. 3 Nr. 1 die Vorsatz-Fahrlässigkeits-Kombination und in Abs. 3 Nr. 2 die reine Fahrlässigkeitstat.

1. § 315 c I Nr. 1

a) Tathandlung ist das Führen eines Fahrzeugs (⚠ auch Fahrrad) im Straßenverkehr.

Ein Fahrzeug **„führt“**, ➲ wer es **in Bewegung setzt** oder hält und dabei auch nur einzelne der für die gezielte Fortbewegung des Fahrzeugs erforderlichen technischen Funktionen ausübt.

☞ Der Fahrschüler, nicht aber der (betrunkene) Fahrlehrer, der nur Anweisungen zur Fahrtroute gibt.

„Straßenverkehr“ ➲ ist nur der öffentliche Verkehr auf Flächen, die jedermann oder allgemein bestimmten Gruppen zur Benutzung offen stehen.

☞ Parkhäuser und -plätze, nicht aber private Hofflächen oder private Tiefgaragen

b) Der Täter muss fahruntüchtig gewesen sein

Nr. 1 a: infolge Alkohol- oder sonstigen Drogenkonsums. Wichtigster Fall ist Alkohol.

Absolute, d.h. unwiderlegbare **Fahruntüchtigkeit** liegt bei Führern von Kfz (⚠ auch Elektroroller) ab 1,1‰ BAK vor, bei Radfahren (⚠ auch Pedelcs) ab 1,6‰ BAK.

Relative Fahruntüchtigkeit verlangt nur geringe Alkoholisierung (h.M. ab 0,3‰ BAK), aber zusätzl. alkoholtypische Ausfallerscheinungen (Schlangenlinien fahren, enthemmte Fahrweise).

Gefährdung des Straßenverkehrs, § 315 c; Trunkenheit im Verkehr, § 316 (2)

I. 315 c (Fortsetzung)

1. § 315 c I Nr. 1 (Fortsetzung)

Nr. 1 b: Fahruntüchtigkeit infolge geistiger oder körperlicher Mängel.
☞ Hauptfall: Übermüdung

2. § 315 c I Nr. 2 a–g

a) Verwirklichung eines der abschließend aufgezählten Verkehrsverstöße

Häufiger Fall Nr. 2 b: Falsches Überholen ➲ Vorbeifahren von hinten an anderen in derselben Richtung fahrenden oder verkehrsbedingt haltenden Fahrzeugen entweder unter Benutzung derselben Fahrbahn, aber auch von Flächen, die mit der Fahrbahn einen einheitlichen Verkehrsraum bilden (erweiterter Überholbegriff ☞ Grünstreifen, Rad- oder Gehwege).

b) **Grob verkehrswidrig** ➲ objektiv besonders schwerer Verkehrsverstoß

c) **Rücksichtslos** (nach h.M. subjektives Tatbestandsmerkmal, nach a.A. Schuldmerkmal) handelt, ➲ wer sich aus egoistischen Gründen entweder bewusst (bei einer Vorsatztat) über seine Pflichten als Verkehrsteilnehmer hinwegsetzt oder sich aus Gleichgültigkeit nicht auf seine Verkehrspflichten besinnt und unbekümmert drauflosfährt (bei einer Fahrlässigkeitstat).

Gefährdung des Straßenverkehrs, § 315 c; Trunkenheit im Verkehr, § 316 (3)

I. 315 c (Fortsetzung)

3. Konkrete Gefährdung

Ebenso wie in § 315 b (🗗 53) muss Folge der Tathandlung die **konkrete Gefährdung** anderer oder fremder Sachen von bedeutendem Wert sein. Diese Folge muss in **tatbestandsspezifischem Gefahrzusammenhang** zu dem Fehlverhalten stehen.

☞ Unfall infolge alkoholbedingter Reaktionsverzögerungen, nicht aber als Folge eines geplatzten Reifens

II. § 316

- Die Vorschrift ist reines Tätigkeits- und damit abstraktes Gefährdungsdelikt. § 316 erfasst das **eigenhändige Führen eines Fahrzeugs im Bahn-, Schiffs-, Luft- und Straßenverkehr** durch alkohol- oder sonst drogenbedingt fahruntüchtige Fahrzeugführer.
- Die Tat ist vorsätzlich (Abs. 1) und fahrlässig (Abs. 2) begehbar.
- Eine konkrete Gefährdung durch unfallträchtige Situationen ist nicht erforderlich.

III. Konkurrenzen

- Tateinheit zwischen § 315 b und § 315 c ist bei einem verkehrsfeindlichen Inneneingriff möglich, wenn der Täter das Fahrzeug entweder fahruntüchtig oder unter Verwirklichung einer der Tatvarianten des § 315 c I Nr. 2 zweckentfremdet.
- Gegenüber § 315 I Nr. 1 i.S.v. § 316 formell subsidiär; zu §§ 315 b, 315 c I Nr. 2 besteht Tateinheit
- Verwirklicht der Täter durch dieselbe Handlung mehrere Varianten von § 315 c oder gefährdet er mehrere Personen, ist der Tatbestand nur einmal erfüllt.

Verbotene Kfz-Rennen, § 315 d

§ 315 d I Vorsätzliches abstraktes Gefährdungsdelikt

Tatbezug: Öffentlicher Straßenverkehr (⧉ 55)

Nr. 1
- Nicht erlaubtes Kfz-Rennen ➲ zumindest konkludenter Wettbewerb zwischen mindestens zwei Teilnehmern um den Sieg für das schnellste Zurücklegen einer Strecke mit Kfz
- Ausrichten/Durchführen

Nr. 2 Als Kfz-Führer an einem nicht erlaubten Kfz-Rennen teilnehmen

Nr. 3
- Als Kfz-Führer sich mit nicht angepasster Geschwindigkeit fortbewegen
- Grob verkehrswidrig und rücksichtslos wie § 315 c I Nr. 2 (⧉ 56)
- Absicht, die höchstmögliche Geschwindigkeit zu erreichen, d.h. ➲ Endziel oder Zwischenziel des Täters muss es sein, unter den konkreten Gegebenheiten über eine nicht unerhebliche Wegstrecke mit Maximalgeschwindigkeit und nicht nur mit einer möglichst hohen, aber geringeren als der maximal erreichbaren Geschwindigkeit zu fahren.

☞ Nach aktueller Rspr. auch bei Polizeiflucht mit Kfz möglich.

§ 315 d II Vorsatztat gem. § 315 d I Nr. 2/3 mit vorsätzlicher konkreter Gefährdung wie in § 315 c I (⧉ 55–57)

§ 315 d II i.V.m. IV Vorsatztat gem. § 315 d I Nr. 2/3 mit fährlässiger konkreter Gefährdung wie in § 315 c III Nr. 1 (⧉ 55)

§ 315 d II i.V.m. V Erfolgsqualifikation von § 315 d II bei Tod oder schwerer Gesundheitsschädigung eines Menschen oder (einfacher) Gesundheitsschädigung einer großen Zahl von Menschen

Unerlaubtes Entfernen vom Unfallort, § 142 (1)

I. Allgemeines/Aufbau

§ 142 ist **Sonderdelikt** nur für „Unfallbeteiligte" und Vermögensgefährdungsdelikt. Schutzgut des § 142 ist allein das Feststellungsinteresse des Unfallbeteiligten zur Sicherung oder Abwehr zivilrechtlicher Ersatzansprüche. Deshalb ist eine rechtfertigende Einwilligung bei § 142 möglich. In der Klausur ist § 142 I stets zuerst zu prüfen; § 142 II ist erst nach Verneinung des § 142 I zu untersuchen. Aufbau:

§ 142 I	§ 142 II
I. Tatbestand	I. Tatbestand
1. Unfall im Straßenverkehr	1. → wie § 142 I
2. Täter = Unfallbeteiligter i.S.v. § 142 V	2. → wie § 142 I
3. Sichentfernen vom Unfallort	3. Keine Strafbarkeit nach § 142 I, weil Täter sich Nr. 1: nach Ablauf der Wartefrist gem. § 142 I Nr. 2 oder Nr. 2: berechtigt oder entschuldigt vom Unfallort entfernt hat
4. Verletzung einer der in § 142 I Nr. 1 und Nr. 2 genannten Pflichten: Nr. 1: Feststellungsduldungs- und Vorstellungspflicht Nr. 2: Wartepflicht	4. Verstoß gegen die Pflicht zur unverzüglichen Nachholung der Feststellungen
5. Vorsatz	5. Vorsatz
II. Rechtswidrigkeit/Schuld	II. Rechtswidrigkeit/Schuld
III. Tätige Reue (§ 142 IV) bei Parkunfällen mit Bagatellschaden	III. Tätige Reue (§ 142 IV) bei Parkunfällen mit Bagatellschaden

Unerlaubtes Entfernen vom Unfallort, § 142 (2)

II. § 142 I

- **Unfall im Straßenverkehr** ist ➲ jedes plötzliche Ereignis im öffentlichen Straßenverkehr (auch zwischen Radfahrern und Fußgängern), das mit dessen Gefahren in innerem Zusammenhang steht und einen beweissicherungsbedürftigen, nicht ganz unerheblichen Personen- oder Sachschaden (Untergrenze ca. 20 €) zur Folge hat.

  ⚠ Nach der Rspr. liegt ein Unfall auch bei vorsätzlicher Herbeiführung vor, wenn das Tatfahrzeug dabei zumindest auch als Mittel der Fortbewegung im öffentlichen Verkehrsraum benutzt wird.

- **Unfallbeteiligter**, § 142 V, ist ➲ jeder, der in der aktuellen Unfallsituation (h.Lit.) möglicherweise einen Verursachungsbeitrag für den Unfall geleistet hat.

  Außer dem Fahrer kommen also auch Dritte in Betracht (☞ Beifahrer, der dem Fahrer ins Lenkrad greift). Willentliches oder schuldhaftes Verhalten ist nicht erforderlich.

- **Pflichtverletzung** als Unfallbeteiligter: Die Pflichten richten sich gem. § 142 I Nr. 1, 2 danach, ob feststellungsbereite Personen am Unfallort anwesend sind oder nicht.

Feststellungsbereite Person anwesend, Nr. 1	Feststellungsbereite Person nicht anwesend, Nr. 2
– Durch Anwesenheit am Unfallort die erforderlichen Feststellungen ermöglichen (passiv) und – Angabe, dass man am Unfall beteiligt ist (kein „Schuldeingeständnis“ erforderlich)	– Eine nach den Umständen angemessene Zeit warten, ohne dass feststellungsbereite Person erscheint ⚠ Ein Zettel hinter der Windschutzscheibe verkürzt nur die Wartezeit.
Anwesenheits- und Vorstellungspflicht	Wartepflicht

II. § 142 I (Fortsetzung)

- **Sichentfernen vom Unfallort** ist ➲ jedes körperliche Verlassen der räumlichen Grenzen des Unfallorts (zwischen 20–250 m je nach Verkehrssituation).
  - Der Versuch ist nicht strafbar.
  - Sichentfernen von einer anderen Stelle als dem Unfallort ist nicht tatbestandlich.
  - Kehrt der Täter (z.B. nachdem er den Unfallort zunächst unvorsätzlich verlassen hat) wieder an den Unfallort zurück und entfernt sich dann (erneut), liegt nach h.M. kein tatbestandliches Handeln i.S.d. § 142 I vor. Eine freiwillige Rückkehr soll nicht strafbegründend wirken.
  - Tatbestandlich ist aber, wenn der Unfallbeteiligte seiner Vorstellungspflicht gegenüber zunächst anwesenden feststellungsbereiten Personen nicht nachgekommen ist und dann als letzter den Unfallort verlassen hat. Aus dem Wort „bevor“ in § 142 I folgt, dass die Vorstellungs- und die Anwesenheitspflicht auch nacheinander verletzt werden können.

III. § 142 II

Echtes Unterlassungsdelikt, das die nicht unverzügliche Nachholung der erforderlichen Feststellungen nach Ablauf der Wartefrist (Nr. 1) oder bei berechtigtem/entschuldigtem Sichentfernen (Nr. 2) pönalisiert.

- Problematische Fälle der Nr. 2:

  ☞ Der Unfallbeteiligte hat sich, ohne den Unfall zu bemerken, vom Unfallort entfernt: Der BGH stellte früher das unvorsätzliche dem entschuldigten Sichentfernen gleich, wenn der Unfallbeteiligte noch in zeitlich-räumlichem Zusammenhang von dem Unfall Kenntnis erlangt. Folge: Nachholungspflicht nach § 142 II. Diese Rspr. begründet nach BVerfG einen Analogieverstoß (Art. 103 II GG) und ist daher nicht mehr vertretbar.

Unerlaubtes Entfernen vom Unfallort, § 142 (4)

III. § 142 II (Fortsetzung)

- ☞ Der Unfallbeteiligte wurde bewusstlos oder durch Zwang vom Unfallort entfernt: Das BayObLG stellt auch das Entferntwerden dem Sichentfernen gleich und bejaht die Nachholungspflicht. Das ist abzulehnen: Auch diese Gleichstellung überschreitet die Wortlautgrenze.
- ☞ Der Unfallbeteiligte hatte sich zwar schuldunfähig, aber im Vollrausch (§ 323 a) vom Unfallort entfernt. Wäre er nun zur Nachholung verpflichtet, so müsste er sich der Straftat des § 323 a bezichtigen oder § 142 II begehen. Aus diesem Grund wird die Nachholungspflicht überwiegend abgelehnt.

- Unverzüglichkeit der Nachholung

  Der Unfallbeteiligte muss sicherstellen, dass etwaige Geschädigte in angemessener Zeit, bevor Beweisverlust droht, von dem Unfall Kenntnis erlangen. Der Zeitraum dafür hängt von der Schadenshöhe und der Beweissituation ab. Ist dieser Zeitraum überschritten, so ist das Delikt vollendet.

  Dem Unverzüglichkeitsgebot wird der Unfallbeteiligte gerecht, wenn er zunächst versucht, mit dem Geschädigten Kontakt aufzunehmen. Ist dies nicht möglich, muss er sich an die Polizei wenden.

  Der Inhalt der Feststellungen ergibt sich aus § 142 III 1.

  Als Pflichtverstoß gilt auch die absichtliche Vereitelung der Feststellungen, § 142 III 2.

IV. Tätige Reue bei Parkunfällen, § 142 IV

Anwendbar für I und II

- Unfall außerhalb des fließenden Verkehrs
- Ausschließlich nicht bedeutender Fremdschaden (Wertobergrenze etwa 1.300 €)
- Nachträgliche Ermöglichung der Feststellungen nach § 142 III innerhalb von 24 Stunden nach dem Unfall
- Freiwilligkeit

Brandstiftungsdelikte, §§ 306 ff. (1)

I. Allgemeines

Zu unterscheiden ist zwischen der **Brandstiftung** gem. § 306, der **abstrakt gefährlichen schweren Brandstiftung** gem. § 306 a I und der **konkret gefährlichen schweren Brandstiftung** gem. § 306 a II. Diese Delikte enthalten in den §§ 306 b und 306 c Qualifikationen und sind gem. § 306 d auch bei fahrlässiger Begehung strafbar. Als Vorstufe ist gem. § 306 f bereits das Herbeiführen einer Brandgefahr an bestimmten Objekten strafbar. § 306 e regelt die tätige Reue. Gemeinsame **Tathandlungen:**

➲ **Inbrandsetzen** erfordert, dass ein nicht völlig unwesentlicher Bestandteil des Tatobjekts derart vom Feuer ergriffen ist, dass er auch nach Entfernen oder Erlöschen des Zündstoffs selbstständig weiterbrennen kann.

☞ Funktionswesentliche Bestandteile sind z.B.: Zimmerwand, Fußboden; nicht: Tapete, Mobiliar.

➲ **Durch eine Brandlegung ganz oder teilweise zerstören** verlangt eine Handlung, die durch Einsatz eines Brandmittels eine brandtypische Gefahr schafft, die – auch bei einem nicht offenen Brand – durch Einwirkung auf die Sachsubstanz zu einer vollständigen oder teilweisen Funktionsaufhebung des in dem jeweiligen Tatbestand in Bezug genommenen Tatobjekts führt, nämlich

- bei einem Gebäude i.S.v. § 306 I Nr. 1 (und in § 306 a II !) nur einen für den Gebäudezweck benötigten Teil, z.B. Keller,
- bei einem Wohngebäude i.S.v. § 306 a I Nr. 1 eine selbstständige Wohnung.

☞ Schwelbrand, Verpuffung, Zerstörung durch Löschmittel der Sprinkleranlage, nachdem diese das Feuer vor Übergreifen auf Gebäudebestandteile gelöscht hat

Brandstiftungsdelikte, §§ 306 ff. (2)

II. (Einfache) Brandstiftung, § 306

Durch die Begrenzung auf „fremde" (wie § 303) Tatobjekte ohne das Erfordernis einer gemeinen Gefahr ist § 306 lediglich ein **Spezialfall der Sachbeschädigung**, allerdings wegen der häufig gegebenen Gemeingefahr als Verbrechen ausgestaltet. Der Eigentümer kann nicht Täter sein, er kann in die Tat eines Dritten rechtfertigend einwilligen.
Die Tatobjekte sind ungenau begrenzt, sodass begrifflich auch Bagatellfälle die Verbrechensstrafe auslösen würden (☞ Anbrennen eines Brotes, Nr. 6; Verbrennen eines Faltbootes oder eines Mofa, Nr. 4). Daher werden in der Lit. Restriktionen befürwortet: Einige bejahen eine Beschränkung auf Sachen „von bedeutendem Wert" wie in § 315 c (Untergrenze ab 750 €, str.), andere sehen in der Widerlegung jeglicher abstrakter Gefahr für andere einen sachlichen Strafausschluss.

III. Schwere Brandstiftung

§ 306 a ist ein echtes **gemeingefährliches Delikt** und enthält in Abs. 1 **einen jeweils selbstständigen abstrakten** und in Abs. 2 einen **konkreten Gefährdungstatbestand**.

1. § 306 a I

Nr. 1: Die Tatobjekte sind weiter als in § 306 Nr. 1: Einbezogen sind auch „andere Räumlichkeiten" mit Wohnzweck (☞ Zelt, Notbehausung).
Die abstrakte Gefährlichkeit ergibt sich daraus, dass die Räumlichkeit faktisch der Wohnung von Menschen dient, ohne dass sie ausschließlich Wohnzwecke erfüllen muss (☞ sog. gemischt genutzte Gebäude). Das Merkmal entfällt, wenn alle Bewohner den Wohnzweck aufgeben, sog. **Entwidmung** (☞ Inbrandsetzen der Räumlichkeit durch die Mieter).

Brandstiftungsdelikte, §§ 306 ff. (3)

III. Schwere Brandstiftung (Fortsetzung)

1. § 306 a I (Fortsetzung)

Nr. 1: Nach h.M. ist § 306 a I Nr. 1 ausgeschlossen (Schutzzweck der Norm nicht tangiert), wenn es sich um kleinere, überschaubare Objekte (☞ Zelt; nicht: mehrräumige Objekte) handelt und sich der Täter zuvor Gewissheit verschafft hat, dass Menschenleben nicht gefährdet werden können.

Für den Vorsatz ist unerheblich, ob der Täter Menschenleben in Gefahr bringen wollte.

Nr. 2: Kirche oder anderes der Religionsausübung dienendes Gebäude (☞ Synagoge, Moschee)

Nr. 3: Die Räumlichkeit, ➲ jeder Raum, der eine gewisse Bewegungsmöglichkeit gewährt, muss zeitweise zum Aufenthalt von Menschen dienen. Außerdem muss die Tathandlung zu einer Zeit geschehen, während der sich Menschen in den Räumlichkeiten aufzuhalten „pflegen", also ➲ üblicherweise (nicht notwendig tatsächlich) aufhalten.

2. § 306 a II

- Tatobjekte sind diejenigen des § 306 I. Nicht in Bezug genommen ist die Fremdheit, sodass auch **tätereigene** oder **herrenlose** Objekte erfasst werden.
- § 306 a II verlangt im Unterschied zu Abs. 1 zusätzlich, dass ein anderer durch die Tat in die **konkrete Gefahr einer Gesundheitsschädigung** gebracht wird. Dies kann auch durch nachträgliches Betreten der Räume verursacht worden sein. Anders als bei § 315 c ist aber eine rechtfertigende Einwilligung in die Fremdgefährdung möglich, weil § 306 a II nach h.M. ausschließlich individualschützend ist.

Brandstiftungsdelikte, §§ 306 ff. (4)

III. Schwere Brandstiftung (Fortsetzung)

2. § 306 a II (Fortsetzung)

- „Anderer" i.S.d. § 306 a II kann nach vordringender Ansicht auch ein Tatbeteiligter sein (⚠ dann aber möglichen TB-Ausschluss wegen eigenverantwortlicher Selbstgefährdung beachten). Das Erfordernis einer konkreten Gefahr verlangt eine zugespitzte Lage, sodass es nur noch vom Zufall abhängt, ob der Schaden eintritt oder nicht. Zudem muss der Eintritt der Gefahr gerade typische Folge der Brandlegung sein, also auch bei Löscharbeiten.
- Die Vorschrift setzt – vergleichbar mit § 315 c I (55–57) – Vorsatz sowohl hinsichtlich der Inbrandsetzung als auch hinsichtlich des Eintritts einer konkreten Gefahr voraus.

IV. Besonders schwere Brandstiftung, § 306 b

1. § 306 b I

- Erfolgsqualifikation (§ 18) der einfachen Brandstiftung gem. § 306 und schweren Brandstiftung gem. § 306 a
- Strafschärfend ist entweder die
  - schwere Gesundheitsschädigung, ➲ erhebliche Beeinträchtigung des Körpers, der Sinne oder der Arbeitsfähigkeit einer Person oder die
  - (wenn auch nur einfache) Gesundheitsschädigung einer großen Zahl (➲ ab 14) von Menschen
- Qualifikationsspezifischer Gefahrzusammenhang zwischen der Brandstiftung und der Folge bei Verbrennungen, Rauchvergiftungen, herabstürzenden Gebäudeteilen, Rettungs- und Fluchtversuchen

Brandstiftungsdelikte, §§ 306 ff. (5)

IV. Besonders schwere Brandstiftung, § 306 b (Fortsetzung)

2. § 306 b II Nr. 1

Vorsatz (⚠)-Qualifikation einer Tat nach § 306 a; fahrlässige Herbeiführung der Todesgefahr wird allenfalls von § 306 d erfasst, hat aber dann keine Erhöhung des Strafrahmens zur Folge.

3. § 306 b II Nr. 2

- Absichtsqualifikation einer Tat nach § 306 a
- Ermöglichungs- oder Verdeckungsabsicht entspricht inhaltlich dem gleichlautenden Mordmerkmal (🗗 15–17; 🗗 54 zu § 315 III).
- Es genügt nach der Rspr. die finale Verknüpfung zwischen der Brandstiftung und der Straftat (☞ häufig: § 263, nicht aber § 265, weil mit der Brandstiftung völlig deckungsgleich und deshalb keine „andere" Straftat); eine Ausnutzung der spezifischen Brandsituation – was die Lit. fordert – ist dem Gesetz nicht zu entnehmen.

4. § 306 b II Nr. 3

Strafschärfung, die objektiv ein zusätzliches Handeln/Unterlassen mit der Folge einer Erschwerung, d.h. ➲ tatsächlicher zeitlicher Verzögerung oder Verhinderung der Brandlöschung, und entsprechenden Vorsatz verlangt.

Brandstiftungsdelikte, §§ 306 ff. (6)

V. Brandstiftung mit Todesfolge, § 306 c

Erfolgsqualifikation (§ 18) zu §§ 306–306 b

Zum qualifikationsspezifischen Gefahrzusammenhang s. IV. 1 (66).

VI. Konkurrenzen innerhalb der Brandstiftungsdelikte

- § 306 wird von §§ 306 a I, 306 b, 306 c als gesetzeskonkurrierend verdrängt. Mit § 306 a II ist Tateinheit möglich.
- Zwischen § 306 a I und § 306 a II ist Tateinheit möglich.
- Zwischen § 306 b I und § 306 b II ist Tateinheit möglich.

Unterlassene Hilfeleistung, Behinderung von hilfeleistenden Personen, § 323 c

§ 323 c I Nur als vollendete Vorsatztat strafbares echtes Unterlassungsdelikt

- Erforderlich ist eine der tatbestandlichen Krisensituationen:

  Unglücksfall ist ➲ ein plötzlich eintretendes Ereignis, das objektiv ex post betrachtet erhebliche Gefahren für Personen oder Sachen mit sich bringt.

  ☞ Der nach einem Verkehrsunfall – auch nach einer Straftat und auch nach einem freiverantwortlichen Suizidversuch (🗗 6–9) – Schwerverletzte, auch wenn er, wie sich später herausstellt, nicht mehr zu retten war.

  Gemeine Gefahr ist ➲ ein Zustand, bei dem die Möglichkeit eines erheblichen Schadens an Leib oder Leben oder an bedeutenden Sachwerten für unbestimmt viele Personen naheliegt.

  Gemeine Not ist ➲ jede Notlage der Allgemeinheit.

- Tathandlung ist das Unterlassen der objektiv ex ante erforderlichen und nach den Umständen zumutbaren Hilfe.

Konkurrenzen

Gegenüber §§ 212, 13, 221 ist § 323 c I subsidiär.

§ 323 c II Nur als vollendete Vorsatztat strafbares Begehungsdelikt

- Krisensituation i.S.v. Abs. 1
- Tatsächlich eingetretene Behinderung einer Rettungsperson ➲ Person, die zumindest beabsichtigt, Hilfe zu leisten

Vollrausch, § 323 a (1)

I. Allgemeines/Aufbau

Vorsätzlich und fahrlässig begehbares **eigenhändiges Delikt**, für einen rauschmittelbedingt gemeingefährlichen Täter mit der objektiven Strafbarkeitsbedingung, dass dieser im Rausch Straftaten begeht und hieraus wegen § 20 nicht – auch nicht i.V.m. actio libera in causa (Strafrecht AT 35–37) – zu bestrafen ist. Aufbau:

1. Tatbestand:	2. Rauschtat als obj. Strafbarkeitsbedingung
a) Rausch des Täters	3. RW, Schuld
b) Sichversetzen	4. Strafantrag erforderlich, wenn Rauschtat
c) Vorsatz/Fahrlässigkeit	Auftragsdelikt, § 323 a III

II. Einzelfragen

- **Rausch** ist ein rauschmittelbedingter Zustand, bei dem nach umstr. h.M. sicher sein muss, dass der Täter vermindert schuldfähig war („sichere Untergrenze des § 21") und zumindest möglich sein muss, dass er sogar schuldunfähig war. Nach der Gegenansicht muss § 21 nicht nachweisbar sein; es genügt die Möglichkeit von § 20.

  ⚠ Nach h.M. ist also § 323 a in dubio pro reo zu verneinen, wenn der Alkoholisierungsgrad nicht feststeht und der Täter im Zeitpunkt der Begehung der Rauschtat auch noch schuldfähig gewesen sein kann.

- **Sichversetzen** ist jede Form der Selbstberauschung des Täters; Teilnahme anderer hieran ist möglich (str.).
- **Vorsatz/Fahrlässigkeit** bezügl. des Sichberauschens, str. ob zusätzlich subj. Erkennbarkeit der generellen Gefahr möglicher Rechtsverletzungen im Rausch erforderlich ist.

Vollrausch, § 323 a (2)

II. Einzelfragen (Fortsetzung)

- Als objektive Bedingung der Strafbarkeit muss eine **Rauschtat** vorliegen. Das ist ➲ jedes Verhalten, das den objektiven und subjektiven Tatbestand einer verfolgbaren Vorsatz- oder Fahrlässigkeitsstraftat verwirklicht, das rechtswidrig war und schuldhaft gewesen wäre, wenn der Täter nicht im Zustand des (möglichen) § 20 gewesen wäre. Vorsatz oder Fahrlässigkeit bzgl. der konkreten Rauschtat braucht der Täter beim Sichberauschen nicht besessen zu haben (objektive Strafbarkeitsbedingung!).
- Kann der Täter in Anwendung der Rechtsfigur der vorsätzlichen actio libera in causa wegen der später im Rausch begangenen Vorsatztat oder unmittelbar wegen Fahrlässigkeitstat durch Sichberauschen für den im Rausch herbeigeführten Deliktserfolg bestraft werden, sind diese Delikte auch keine Rauschtaten mehr.
- Auch bei einem – wenn auch rauschbedingten – Tatbestands- und Erlaubnistatbestandsirrtum entfällt eine entsprechende Vorsatztat als Rauschtat.

Urkundenfälschung, § 267 (1)

I. Allgemeines/Aufbau

Zentraler Straftatbestand der Delikte in Bezug auf das Allgemeingut der Beweissicherheit verkörperter Informationen ist § 267, der nicht die inhaltliche Wahrheit, aber die Echtheit und Unverfälschtheit von Urkunden schützt. Die inhaltliche Wahrheit schützt das StGB hingegen bei Gesundheitszeugnissen (§§ 277–279) und öffentlichen Urkunden (§§ 271, 348). Aufbau des § 267:

I. Grundtatbestand:
   1. Tatobjekt: Urkunde
   2. Tatmodalitäten:
      a) Herstellen einer unechten Urkunde
      b) Verfälschen einer echten Urkunde
      c) Gebrauchen einer unechten oder verfälschten Urkunde
   3. Vorsatz
   4. Täuschungswille im Rechtsverkehr

II. Rechtswidrigkeit

III. Schuld

IV. Regelbeispiele für besonders schweren Fall, § 267 III 2

II. Der Urkundsbegriff

1. Grundform

Urkunde ist ➲ jede Verkörperung einer Gedankenerklärung (sog. Perpetuierungsfunktion), die bestimmt und geeignet ist, eine Tatsache im Rechtsverkehr zu beweisen (sog. Beweisfunktion) und ihren Aussteller erkennen lässt (sog. Garantiefunktion).

Urkundenfälschung, § 267 (2)

II. Der Urkundsbegriff (Fortsetzung)

1. Grundform (Fortsetzung)

- Das **Perpetuierungselement** grenzt die Urkunde durch das Erfordernis eines Gedankeninhalts vom bloßen Augenscheinsobjekt ab, welches durch seine Existenz und Erscheinungsform gedankliche Rückschlüsse erst ermöglicht.

  ☞ Fußabdruck, Blankette, Formulare, technische Aufzeichnungen i.S.v. § 268

  Die Gedankenerklärung muss zumindest für die Beteiligten verständlich sein. Es genügt auch, wenn sich der Gedankeninhalt erst im Zusammenhang mit einem Gegenstand ergibt, sog. **Beweiszeichen** (☞ Künstlerzeichen auf dem Gemälde).

  Schließlich muss die Gedankenerklärung gerade visuell wahrnehmbar sein und körperlich eine gewisse Festigkeit aufweisen (☞ nicht bei Unterschriften auf einem Notepad des Paketzustellers, dann aber ggf. § 269, 🗗 80).

- Das **Beweiselement** verlangt objektiv **Beweiseignung** der Gedankenerklärung, d.h. die Gedankenerklärung muss irgendetwas Rechtserhebliches beinhalten, was nicht erfordert, dass sie auch inhaltlich wirksam ist (☞ formnichtiger Kaufvertrag). Subjektiv (aber gleichwohl im objektiven Tb. zu prüfen!) muss die Gedankenerklärung auch **zum Beweis im Rechtsverkehr bestimmt** sein.

  Abzugrenzen ist die Urkunde von bloßen Kennzeichen dadurch, dass sich die Beweisfunktion auf eine außerhalb der verkörperten Gedankenerklärung liegende Tatsache beziehen muss. Kennzeichen hingegen haben nur die Funktion, die Sache, an der sie angebracht sind, von anderen zu unterscheiden.

  ☞ Das rote Kfz-Kennzeichen für Probefahrten, Signaturen an Büchern in einer Bibliothek

II. Der Urkundsbegriff (Fortsetzung)

1. Grundform (Fortsetzung)

- Aus der Gedankenerklärung muss ein bestimmter Aussteller erkennbar sein.
  Aussteller ist ➲ derjenige, der geistig hinter der Erklärung steht (unabhängig davon, wer die Urkunde körperlich herstellt), weil er sie tatsächlich als seine Erklärung gelten lässt und weil sie ihm rechtlich als eigene zurechenbar ist (sog. Erklärungsgarant).
- Für den Urkundsbegriff muss nicht festgelegt werden, wer als Aussteller erscheint, sondern nur, dass überhaupt ein Aussteller erkennbar ist. Dieser muss nicht einmal tatsächlich existieren.
- Ausreichend ist, dass sich die Erkennbarkeit aus Gesetz, Herkommen oder Parteivereinbarung aus der Urkunde ergibt (☞ der mit Merkstrichen für getrunkene Biere versehene Bierdeckel). Eine Unterschrift ist also nicht zwingend erforderlich.

2. Sonderformen der Urkunde

a) **Zusammengesetzte Urkunden** sind ➲ solche, bei denen eine verkörperte Gedankenerklärung mit einem Bezugsobjekt räumlich fest zu einer Beweiseinheit verbunden ist.
☞ Das mit Stempel der Zulassungsstelle versehene Kfz-Kennzeichen; das auf der Kaufsache klebende Preisschild
Rechtliche Bedeutung: Schon eine Aufhebung der Verbindung oder eine Veränderung des Bezugsobjekts ist aus §§ 274, 267 strafbar.

b) **Gesamturkunde** ist ➲ die körperlich feste Verbindung mehrerer Schriftstücke, durch die eine neue, über den Inhalt der Einzelteile hinausgehende Vollständigkeits- und Abgeschlossenheitserklärung entsteht.
☞ Das Fahrtenbuch für einen Dienstwagen
Rechtliche Bedeutung: Durch Beseitigung/Hinzufügen eines Schriftstücks Verfälschung der Gesamturkunde, § 267

Urkundenfälschung, § 267 (4)

II. Der Urkundsbegriff (Fortsetzung)

2. Sonderformen der Urkunde (Fortsetzung)

c) **Fototechnische oder digitale Kopieausdrucke** sind grds. keine Urkunden. Sie können aber zur Urkunde „aufrücken", wenn sie mit einem Original verwechselt werden können und als Original im Rechtsverkehr verwendet werden sollen.

⚠ Erfüllt die Kopiervorlage die Voraussetzungen einer unechten Urkunde, kann sie auch durch Vorlage einer Kopie gebraucht werden (🗗 77).

III. Unechte Urkunde

Unecht ist eine Urkunde ➲ wenn der aus der Urkunde ersichtliche Aussteller tatsächlich nicht der wahre Erklärungsgarant ist.

Damit erfasst das Merkmal nur Urkunden, durch die einer Person eine fremde Erklärung untergeschoben wird; nicht erfasst ist insbesondere die bloße schriftliche Lüge. – Prüfungsreihenfolge:

1. Wer geht aus der Urkunde als Erklärungsgarant hervor?

Zu ermitteln ist die Person, die nach dem Inhalt der Urkunde hinter der Erklärung steht. Die Person braucht tatsächlich nicht zu existieren. Identitätskriterium ist der Name.

☞ Bei Erklärungen für Behörden oder juristische Personen sind diese und nicht der Unterzeichnende die Aussteller.

☞ Bei Handeln unter fremdem Namen verweist die Urkunde allein auf den Vertretenen.

☞ Bei offener Vertretung einer natürlichen Person („i.A." Müller) ist – trotz gewollter Fremdwirkung – der unterzeichnende Vertreter der Aussteller. Besteht die Vertretungsbefugnis nicht, liegt nur eine nach § 267 straflose schriftliche Lüge vor.

Urkundenfälschung, § 267 (5)

III. Unechte Urkunde (Fortsetzung)

2. Ist dem Aussteller die urkundliche Erklärung tatsächlich zurechenbar?

Wer hat die Urkunde körperlich hergestellt?

Wenn zwischen urkundlichem Erklärungsgaranten und körperlichem Hersteller …

… keine Personenidentität besteht

Urkunde unecht, es sei denn:

Zulässiges Handeln unter fremdem Namen

Voraussetzungen:

- Rechtliche Befugnis zur Vertretung des urkundlichen Erklärungsgaranten
  ⚠ Ausgeschlossen bei allen höchstpersönlichen Rechtshandlungen (☞ Testament, § 2247 BGB)
- Vertretungswille des körperlichen Herstellers
- Wille des Vertretenen, dass ihn die Wirkungen der Erklärung treffen sollen

Urkunde „echt“

… Personenidentität besteht

Urkunde echt, es sei denn:

Urkundenfälschung in mittelbarer Täterschaft mit Namensträger als Werkzeug

- Dann gegeben, wenn der Namensträger nicht den Willen hatte, die fragliche Erklärung als solche für den Rechtsverkehr abzugeben
  ☞ Annahme, nur ein Autogramm zu geben

⚠ Aber nach § 267 nicht strafbare Veranlassung einer schriftlichen Lüge, wenn der Namensträger nur eine andere rechtserhebliche Erklärung abgeben wollte

Urkunde „unecht“

Urkundenfälschung, § 267 (6)

IV. Tathandlung: Herstellen einer unechten Urkunde (1. Mod.)

- Jede – nicht notwendig durch Veränderung des Schriftstücks – zurechenbare Verursachung des Vorliegens einer vorher nicht vorhandenen unechten Urkunde

V. Tathandlung: Verfälschen einer echten Urkunde (2. Mod.)

- Jede nachträgliche Veränderung des gedanklichen Inhalts einer vorher echten Urkunde, durch die der Anschein erweckt wird, die veränderte Erklärung stamme vom ursprünglichen Aussteller der Urkunde.
  ⚠ Nach h.M. kann **auch der Aussteller selbst** die Urkunde durch eine nachträgliche Veränderung verfälschen, wenn er zwischenzeitlich die **Abänderungsbefugnis verloren** hat.
  ☞ Die bereits zur Korrektur abgegebene Klassenarbeit wird heimlich „nachgebessert" und damit verfälscht.

VI. Gebrauchen der unechten/verfälschten Urkunde (3. Mod.)

- Wenn sie demjenigen, der durch sie getäuscht werden soll, so zugänglich gemacht wird, dass dieser sie wahrnehmen kann. ⚠ Kann auch durch Vorlage einer Fotokopie der unechten/verfälschten Urkunde geschehen.

Entspricht der spätere Gebrauch der beim Herstellen oder Verfälschen vorhandenen Absicht, so liegt nur eine Urkundenfälschung vor.

VII. Täuschungswille

Zusätzlich zum Vorsatz muss der Täter mit dem Willen (dolus directus II genügt) handeln, einen anderen über die Echtheit der Urkunde zu täuschen, um dadurch irgendein rechtlich erhebliches Verhalten zu erreichen (Erweiterung in § 270).

Fälschung technischer Aufzeichnungen, § 268 (1)

Selbstständiger Straftatbestand zum Schutz der „Authentizität und Inhaltsrichtigkeit" verkörperter, automatisch gewonnener Informationen

I. Technische Aufzeichnung

Legaldefinition in § 268 II; ergänzend:

- **„Darstellung"** verlangt nach Rspr. und h.M., dass die jeweilige Information auf einem vom Gerät abtrennbaren Träger (Papier, Film etc.) enthalten ist.
  - ☞ Kilometerzähler, Stromzähler oder sonstige „Nur-Anzeige-Geräte" sind deshalb durch § 268 nicht geschützt!
- **„Selbstständig bewirkt"** ist die Darstellung nur dann, wenn über die bloße Aufzeichnung oder Reproduktion der Umwelt hinaus eine neue Information gewonnen wird („output > input").
  - ☞ Fotokopien und Videoaufzeichnungen sind deshalb nach h.M. allein keine technischen Aufzeichnungen.
  - ☞ Aufnahmen einer Verkehrsüberwachungskamera mit Uhrzeit und Datum der Rotphase oder Fahrtenschreiberblätter sind dagegen technische Aufzeichnungen.

Fälschung technischer Aufzeichnungen, § 268 (2)

II. Tatmodalitäten

§ 268 I Nr. 1 Alt. 1:	§ 268 III:	§ 268 I Nr. 1 Alt. 2:
Herstellen einer unechten technischen Aufzeichnung („Imitation")	Gerätebezogener Eingriff mit der Folge einer Falschaufzeichnung steht dem Herstellen gleich	Inhaltsänderung einer bereits vorhandenen echten technischen Aufzeichnung
§ 268 I Nr. 2: Gebrauchen eines Falsifikats i.S.v. § 268 I Nr. 1/III (wie § 267)		

⚠ Nicht tatbestandlich erfasst:

- Input-Manipulation = dem Gerät werden nur falsche Aufzeichnungsvoraussetzungen eingegeben
- Verhinderung der Aufzeichnung
- Ausnutzung eines Eigendefekts des Geräts

III. Subjektiver Tatbestand

Vorsatz und Täuschungswille im Rechtsverkehr (Erweiterung in § 270)

Datenfälschung, § 269

Selbstständiger Straftatbestand als Ergänzung zu § 267, weil Urkundenfälschung nur verkörperte Informationen erfasst.

I. Schutzobjekt

Geschützt sind **beweiserhebliche Daten**. Das sind ➲ alle Informationen mit Beweisfunktion für den Rechtsverkehr, die Gegenstand eines Datenverarbeitungsvorgangs sein können und entweder bei der Tathandlung elektronisch, magnetisch oder sonst nicht unmittelbar wahrnehmbar gespeichert werden bzw. gespeichert waren (☞ E-Mail im Rechtsverkehr).

II. Tathandlung

- Die drei Tatmodalitäten lehnen sich an § 267 an. Das „Speichern" entspricht dem Herstellen i.S.v. § 267.
- § 269 soll die durch fehlende Verkörperung und Visualisierbarkeit von EDV-Vorgängen bei § 267 entstehenden Strafbarkeitslücken schließen. Kernvoraussetzung ist deshalb die Subsumtion unter eine **fiktive Urkunde:**

  Bei Verkörperung der Dateneingabe (z.B. mittels Drucker) müsste diese hypothetische Darstellung die Merkmale einer unechten Urkunde erfüllen.

  ⚠ § 269 erfasst also nicht die bloße Datenlüge, so wie § 267 nicht die schriftliche Lüge erfasst.

III. Subjektiver Tatbestand

Vorsatz und Täuschungswille im Rechtsverkehr (erweitert in § 270)

Wahrheitsschutz bei öffentlichen Urkunden, §§ 348, 271 (1)

I. Allgemeines

Die §§ 348, 271 schützen den öffentlichen Glauben an die **Inhaltsrichtigkeit** öffentlicher Beurkundungen.

- Wichtigstes gemeinsames Tatobjekt sind öffentliche Urkunden.

> **Öffentliche Urkunden** sind ➲ solche des § 415 ZPO, die für den allgemeinen Rechtsverkehr bestimmt sind und dem Zweck dienen, Beweis für und gegen jedermann zu erbringen, sog. erhöhte Beweiskraft.

☞ Notarieller Vertrag; Steuerbescheid; gerichtliches Sitzungsprotokoll; nicht dagegen, weil innerdienstlich: Vernehmungsniederschrift der Polizei

- In einer solchen Urkunde muss eine Tatsache unrichtig angegeben, also „falsch" sein.
- Diese Tatsache muss „beurkundet" sein. Das ist nur der Fall, wenn sich die **erhöhte Beweiskraft** der öffentlichen Urkunde **gerade auf den unrichtigen Teil bezieht**. Dies ergibt sich aus Sinn und Zweck der für die jeweilige Urkunde einschlägigen Vorschriften.

⚠ Oft scheitert es an diesem (häufig übersehenen) Merkmal.

☞ Die Beweiskraft des **gerichtlichen Protokolls** bezieht sich nur darauf, dass ein Zeuge erschienen ist und ausgesagt hat. Durch Protokollierung einer inhaltlich unwahren Aussage wird deshalb keine Falschbeurkundung begangen.

☞ Die erhöhte Beweiskraft eines **Steuerbescheids** erstreckt sich nur darauf, dass er in der niedergelegten Form ergangen ist. Deshalb keine Falschbeurkundung, wenn nur inhaltlich falsche Zahlen angegeben werden.

Wahrheitsschutz bei öffentlichen Urkunden, §§ 348, 271 (2)

II. Falschbeurkundung im Amt, § 348

§ 348 ist Sonderdelikt für Amtsträger (§ 11 I Nr. 2), die zur Aufnahme öffentlicher Urkunden befugt sind. Mittelbare Täterschaft durch Außenstehende ist deshalb nicht möglich. Diese Strafbarkeitslücke soll § 271 schließen.

III. Mittelbare Falschbeurkundung, § 271

- § 271 erfasst vor allem die Fälle, in denen ein Außenstehender einen gutgläubigen Amtsträger veranlasst, in einer öffentlichen Urkunde etwas Unrichtiges zu beurkunden. § 271 ist insofern Spezialvorschrift für die mittelbare Täterschaft des Außenstehenden.
- Streitig ist, ob das Merkmal „bewirken" auch weiter auszulegen ist.

  ☞ Der Amtsträger verwirklicht vorsätzlich § 348. Der Hintermann als Tatveranlasser hält den Amtsträger irrig für gutgläubig.

  Manche verlangen, dass der Täter des § 271 Tatherrschaft in Form der Wissensherrschaft haben muss. Danach wäre die Gutgläubigkeit des Amtsträgers ungeschriebenes Tatbestandsmerkmal. Im Beispielfall wäre also § 271 nicht vollendet, sondern nur versucht.

  Nach h.M. genügt jede Verursachung der unwahren Beurkundung, die nicht als Beihilfe oder Anstiftung zu erfassen ist. Im Beispiel wäre also § 271 vollendet.

  ☞ Der Amtsträger ist gutgläubig. Der Tatveranlasser nimmt irrig dessen Bösgläubigkeit an.

  Auf der Grundlage der h.M. ist § 271 vollendet, weil eine Teilnahme mangels vorsätzlicher Haupttat scheitert. Andere lehnen § 271 ab, weil der Hintermann nur Anstiftungswillen hatte.

Urkundenunterdrückung, § 274 I Nr. 1

I. Allgemeines

Die Strafvorschrift schützt den Bestand von und das Beweisführungsrecht mit echten Urkunden und technischen Aufzeichnungen. Wichtigste Modaliltät des § 274 ist die Urkundenunterdrückung gem. § 274 I Nr. 1.

II. Tatobjekte

Tatobjekte sind nur **echte** Urkunden oder technische Aufzeichnungen, da Fälschungen nicht schutzwürdig sind.

Die Urkunde darf dem Täter nicht oder nicht ausschließlich gehören. Maßgebend dafür sind **nicht die Eigentumsverhältnisse** am Tatobjekt, sondern die **Beweisführungsberechtigung** anderer (⚠ häufige Frage im mündlichen Examen). Täter können somit selbst der Eigentümer und der Aussteller sein, wenn Dritte beweisführungsberechtigt sind.

III. Tathandlung

Vernichten, Beschädigen oder Unterdrücken: ➲ Verhindern der Nutzung durch den Berechtigten des Tatobjekts

IV. Subjektiver Tatbestand

Außer dem Vorsatz muss der Täter **Nachteilszufügungsabsicht** besitzen (dolus directus II reicht). „Nachteil" ist ➲ jede Beeinträchtigung fremder Rechte. Nicht erfasst werden nach h.M. Handlungen zur Vereitelung staatlicher Straf- und Bußgeldansprüche, weil § 274 nicht die Rechtspflege schützt (⚠ Klausurfalle).

Einschränkend muss der Nachteil gerade darauf beruhen, dass dem Berechtigten die Benutzung des Inhalts der Urkunde gerade **in einer aktuellen Beweissituation** vorenthalten werden soll.

☞ X entwendet die Girokarte des Y, um unbemerkt am Geldautomaten Geld abzuheben und die Karte dann zurückzulegen: § 274 ist nicht erfüllt, da der gewollte Nachteil für Y nicht durch das Vorenthalten der Karte in einer Beweissituation eintreten soll, sondern durch die missbräuchliche Verwendung der Karte.

Begünstigung, § 257 (1)

I. Allgemeines

Die Begünstigung ist eine Anschlussstraftat, die verhindert oder erschwert, dass dem Vortäter die durch seine Tat entstandenen Tatvorteile entzogen und dadurch der gesetzmäßige Zustand wiederhergestellt wird (Restitutionsvereitelung). Der Versuch ist nicht mit Strafe bedroht.

II. Vortat

Als Anschlussdelikt setzt § 257 die tatbestandsmäßige und rechtswidrige Straftat (§ 11 I Nr. 5) eines anderen voraus. Es muss sich nicht um ein Vermögensdelikt handeln. Auch schuldhaftes Verhalten oder Verfolgbarkeit des Vortäters sind nicht erforderlich.

☞ Bestechungsgeld, Besitz von Falschgeld

III. Vorteil

Vorteil ist ➲ jede Besserstellung des Vortäters, die diesem nach privatem und öffentlichem Recht wieder entzogen werden kann und die unmittelbar im Zusammenhang mit der Vortat erlangt wurde.

☞ Sogar der vor der später begangenen Tat gezahlte Tatlohn.

IV. Tathandlung

- Das Hilfeleisten erfordert nach h.M. weder eine objektive Besserstellung des Vortäters noch genügt jede mit Vorteilssicherungstendenz geleistete Unterstützung.

  Hilfeleisten ist vielmehr ➲ jedes Verhalten, das objektiv geeignet ist, den Vortäter günstiger zu stellen.

Begünstigung, § 257 (2)

IV. Tathandlung (Fortsetzung)

- Abgrenzung zur sukzessiven Beihilfe: Nach h.M. kann Beihilfe zur Haupttat gem. § 27 nicht nur bis zu deren Vollendung, sondern auch zwischen Vollendung und Beendigung der Tat geleistet werden, sog. sukzessive Beihilfe. Andererseits ist die Begünstigung nach h.M. möglich, sobald die Vortat zeitlich vollendet ist.

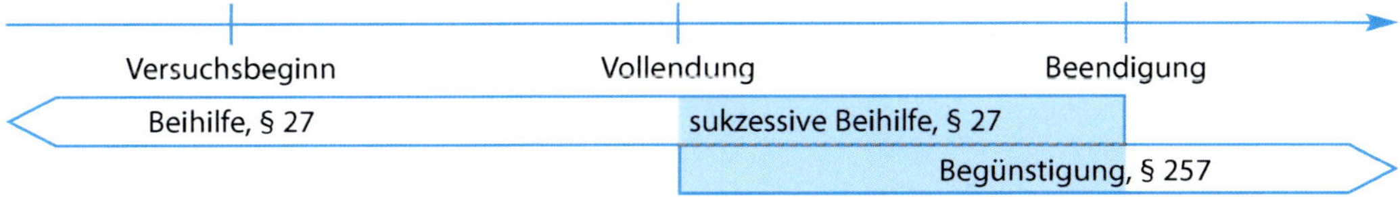

Diese Überlappung macht eine Abgrenzung zwischen beiden Strafbarkeitsformen notwendig:

- Die Rspr. grenzt nach der **inneren Willensrichtung** des Unterstützenden ab: § 27, soweit er die Begehung der Vortat unterstützen will; § 257, soweit er das vom Vortäter Erlangte nur gegen Entziehung sichern will.
- Nach der Gegenansicht im Schrifttum soll **stets Beihilfe** vorliegen, die gem. § 257 III 1 die Begünstigung verdrängt.

V. Subjektiver Tatbestand

Der Täter muss vorsätzlich und in der **Absicht** handeln, die **unmittelbaren Vorteile** (nicht: Vorteilssurrogate) der Vortat zu **sichern**, also die Wiederherstellung des gesetzmäßigen Zustands zu vereiteln. Dies muss Zwischen- oder Endziel des Handelns sein. Will der Täter die erlangte Sache nur erhalten oder verwerten, genügt das nicht.

Begünstigung, § 257 (3)

VI. Begrenzter Strafausschluss bei Vortatbeteiligung, § 257 III

- Täter oder Teilnehmer an der Vortat sind gem. § 257 III 1 grds. nicht wegen Begünstigung strafbar.
- Ausnahme:
  257 III 2: Auch ein Vortatbeteiligter bleibt wegen (Anstiftung zur) Begünstigung strafbar, wenn er einen Vortatunbeteiligten zur Begünstigung bestimmt.

  ⚠ § 257 III 2 gilt aber nach h.M. wiederum nicht, wenn der Vortatbeteiligte zugleich eine (für ihn straflose) Anstiftung zu einer ihn betreffenden Strafvereitelung gem. § 258 I begeht und diese ohne Anstiftung zur Begünstigung nicht erreichbar wäre.

  ☞ Der Vortäter eines Diebstahls überredet einen Dritten, die Tat dadurch zu verdecken, dass dieser die Beute versteckt, um sie gegen Entziehung zu sichern und belastendes Beweismaterial verschwinden zu lassen: § 257 III 1 (+), § 257 III 2 ist nach h.M. nicht anwendbar.

VII. Zur Vortat parallele Prozessvoraussetzungen, § 257 IV

Soweit für die Vortat besondere Voraussetzungen gelten, bestehen sie auch für die Begünstigung.

Geldwäsche, § 261 (1)

§ 261 ist eine Anschlussstraftat, die bezweckt, dem Vortäter die aus einer rechtswidrigen Straftat erlangten Gewinne zu entziehen und das Einschleusen in den legalen Finanz- und Wirtschaftskreislauf zu verhindern. Der Geldwäschetatbestand schützt die Rechtspflege, die Volkswirtschaft und mittelbar die durch die Vortat geschützten Rechtsgüter. Seit dem 18.03.2021 ist die vollständige Neufassung in Kraft.

I. Tatobjekt

Geldwäschefähig ist jeder (körperliche und unkörperliche) **Gegenstand**, der aus einer beliebigen **rechtswidrigen Straftat herrührt**, d.h. ➲ entweder unmittelbar aus der Vortat stammt oder ein Ersatzgegenstand ist, in den der wirtschaftliche Wert des Ursprungsgegenstandes mehr als unerheblich eingegangen ist (☞ das gesamte Kontoguthaben bei erheblichen Zahlungseingängen aus Drogengeschäften).

- Die Vortat muss nicht – wie bei den §§ 257–259 – von einem anderen begangen worden sein. Die „Selbstgeldwäsche" ist nach Abs. 7 aber nur dann strafbar, wenn der Vortäter den Gegenstand in den Verkehr bringt und dabei die rechtswidrige Herkunft verschleiert.
- Unter den Voraussetzungen von Abs. 9 sind auch Gegenstände aus Auslandstaten taugliche Tatobjekte.

II. Tathandlungen in Bezug auf den Gegenstand selbst, § 261 I 1

Nr. 1: Verbergen

Nr. 2: Umtauschen/Übertragen/Verbringen, jeweils in Vereitelungsabsicht bzgl. Auffindung, Einziehung oder Herkunftsermittlung

Nr. 3: Sich/Drittem verschaffen

Nr. 4: Verwahren, Eigen-/Drittverwendung

Strafbarkeitsausschluss nach Abs. 1 S. 2 für die Nr. 3, 4 bei straflosem Vorerwerb durch Dritte

Geldwäsche, § 261 (2)

III. Tathandlungen in Bezug auf Tatsachen, § 261 II

Verheimlichen/Verbergen relevanter Tatsachen bei Auffindung; Einziehung oder Herkunftsermittlung

IV. Vorsatz

- dolus eventualis für irgendeine illegale Herkunft genügt; bei Abs. 1 Nr. 4 aber nur im Zeitpunkt der Erlangung
- Für Strafverteidiger in Bezug auf Honorar gem. Abs. 1 S. 3 Vorsatzbegrenzung auf dolus directus II

V. Leichtfertigkeit

Strafbarkeit bei leichtfertiger Unkenntnis der illegalen Herkunft gem. Abs. 6 S. 1; ausgeschlossen für Strafverteidiger bzgl. ihres Honorars gem. Abs. 6 S. 2

VI. Tätige Reue

Strafaufhebung unter den Voraussetzungen von Abs. 8

VII. Qualifikation

Gem. Abs. 4 für Verpflichtete nach § 2 GWG

VIII. Besonders schwere Fälle

Gem. Abs. 5 mit Regelbeispielen der Gewerbsmäßigkeit oder bandenmäßiger Begehung

Strafvereitelung, § 258 (1)

I. Allgemeines/Aufbau

Schutzgut ist die Rechtspflege. § 258 I betrifft die durch die Straftat verwirkte staatliche Straf-/Maßregelbefugnis; § 258 II betrifft die Vollstreckung der durch ein rechtskräftiges Strafurteil verhängten Rechtsfolgen.

Aufbau:

§ 258 I: Verfolgungsvereitelung	§ 258 II: Vollstreckungsvereitelung
1. Tatbestand a) Straftat eines anderen, aus der die staatliche Befugnis auf Strafe oder auf Verhängung von Maßnahmen (§ 11 I Nr. 8) entstanden ist b) Ganze oder teilweise Vereitelung der Bestrafung c) Vorsatz d) Absicht oder Wissentlichkeit bzgl. der Vereitelung 2. Rechtswidrigkeit/Schuld	1. Tatbestand a) Rechtskräftig gegen einen anderen verhängte und noch nicht vollstreckte Strafe oder Maßnahme b) Ganze oder teilweise Vereitelung der Vollstreckung c) Vorsatz d) Absicht oder Wissentlichkeit bzgl. der Vereitelung 2. Rechtswidrigkeit/Schuld
3. Persönlicher Strafausschluss bei gleichzeitiger Fremd- und Eigenbegünstigung, § 258 V, sowie bei Tatbegehung zugunsten Angehöriger, § 258 VI i.V.m. § 11 I Nr. 1	
Qualifikation: § 258 a, Strafvereitelung im Amt; gemäß Abs. 3 gilt hier § 258 VI nicht.	

Strafvereitelung, § 258 (2)

II. Einzelfragen Verfolgungsvereitelung, § 258 I

- § 258 I erfordert das tatsächliche Bestehen einer staatlichen Straf- oder Maßnahmebefugnis wegen einer Straftat i.S.v. § 11 I Nr. 5, sodass Handlungen zugunsten Unschuldiger oder in Bezug auf nicht verfolgbare Straftaten den Tatbestand nicht erfüllen.
  ⚠ Das Gericht (damit auch der Klausurbearbeiter) hat also inzidenter zu prüfen, ob eine strafbare Vortat vorliegt. Selbst die rechtskräftige Entscheidung eines anderen Gerichts entbindet von der Prüfung nicht.
- **Ganz vereitelt** ist der staatliche Sanktionsanspruch, ➲ wenn die Bestrafung (oder Verhängung der Maßnahme) zumindest für geraume Zeit (h.M.: mehr als eine Woche) verzögert wird (☞ durch Unterkunftsgewährung, Falschaussage, Vernichten von Beweismitteln).
- **Teilweise vereitelt** ist der Sanktionsanspruch, ➲ wenn der Vortäter besser abgeurteilt wird, als dies nach der objektiven Rechtslage möglich wäre.

⚠ Ein Tatbestandsausschluss gilt für **zulässiges Verteidigerhandeln**. Der Verteidiger darf und muss alles tun, was in gesetzlich nicht zu beanstandender Weise seinem Mandanten nützt (☞ straflos ist der Ratschlag an den Täter, zu schweigen; tatbestandsmäßig hingegen die Anstiftung zur Falschaussage).

- In subjektiver Hinsicht genügt bzgl. der Vortat **dolus eventualis**. Die Vereitelung muss der Täter aber **wissentlich** oder **absichtlich** vorgenommen haben.

Strafvereitelung, § 258 (3)

III. Einzelfragen Vollstreckungsvereitelung, § 258 II

Voraussetzung ist eine rechtskräfige und damit vollstreckbare strafgerichtliche Entscheidung. Unerheblich ist, ob der Verurteilte unschuldig ist.

⚠ Deshalb prüft das Gericht (also auch der Klausurbearbeiter) nicht die inhaltliche Richtigkeit der Entscheidung!

IV. Strafvereitelung im Amt, § 258 a

- Täter kann nur ein Amtsträger (§ 11 I Nr. 2) sein, der zur Mitwirkung bei dem Strafverfahren berufen ist (☞ Staatsanwalt) und zwar nach h.M. in Bezug auf das konkrete Verfahren.
- Häufig wird in Klausuren die Verwirklichung durch Unterlassen problematisch, § 13.

  ☞ Staatsanwalt A erfährt von seinem Freund, dass dieser einen Ladendiebstahl begangen hat. Obwohl zuständig, leitet A kein Ermittlungsverfahren ein und macht sich dadurch gem. §§ 258 a I, 13 strafbar.

  Bei außerdienstlicher Kenntniserlangung eines zuständigen Amtsträgers kommt nach h.M. eine Strafvereitelung im Amt durch Unterlassen nur bei Delikten in Betracht, die als Dauerdelikte oder ständig wiederholte Straftaten während der Dienstausübung fortwirken und die – auch über den Katalog des § 138 hinaus – wegen ihres besonderen Unrechtsgehalts bzw. wegen ihres hohen wirtschaftlichen Schadens schwere Straftaten sind. Sonst ist der Schutz der Privatsphäre vorrangig.
- Der Aufbau ist im Übrigen identisch mit § 258 I und § 258 II.

  ⚠ Das Angehörigenprivileg des § 258 VI gibt es bei der Strafvereitelung im Amt nicht, § 258 a III.

Falschverdächtigung, § 164 (1)

I. Allgemeines/Aufbau

Nach h.M. schützt § 164 die Rechtspflege vor sachlich nicht gerechtfertigter Inanspruchnahme und daneben den Einzelnen vor ungerechtfertigten Maßnahmen irregeführter Behörden; Arg. aus § 165.

⚠ Folgen: Der Denunzierte kann nicht rechtfertigend einwilligen; der Denunzierte kann selbst Teilnehmer sein (str.)!

§ 164 I ist lex specialis zu § 164 II. Aufbau:

§ 164 I	§ 164 II
1. Adressat: Behörde, für Anzeigen zuständige Stelle (§ 158 StPO), Öffentlichkeit	1. Adressat: wie § 164 I
2. Tathandlung: eine andere Person einer rw. (nicht notwendig schuldhaften) Straftat oder Dienstpflichtverletzung verdächtigen	2. Tathandlung: Bezichtigung durch Tatsachenbehauptung
3. Objektive Unrichtigkeit der Verdächtigung	3. Objektive Unrichtigkeit der Bezichtigung
4. Objektive Eignung zur Herbeiführung eines Verfahrens/einer Maßnahme	4. Objektive Eignung zur Herbeiführung eines Verfahrens/einer Maßnahme
5. Vorsatz bzgl. 1.–3.	5. Vorsatz bzgl. 1.–3.
6. Absicht, behördliches Verfahren/Maßnahmen herbeizuführen oder fortdauern zu lassen (dolus directus II genügt)	6. Absicht wie § 164 I
7. Rechtswidrigkeit/Schuld	7. Rechtswidrigkeit/Schuld

Falschverdächtigung, § 164 (2)

II. „Anderer“

➲ Eine vom Täter verschiedene individualisierbare lebende und tatsächlich existierende Person

Nicht tatbestandlich sind also Selbstbezichtigungen und Bezichtigungen von toten oder erfundenen Personen oder Anzeigen gegen Unbekannt – dann ggf. § 145 d (🗗 95).

⚠ Veranlasst jemand einen anderen zur Selbstbezichtigung einer für diesen verfolgbaren Straftat oder OWi, liegt nach umstrittener Rspr. für den Hintermann eine Falschverdächtigung in mittelbarer Täterschaft vor, zu der der sich selbst Bezichtigende Beihilfe leistet (Fall des tatbestandslos-dolosen Werkzeug-Gehilfen).

III. Verdächtigen gem. § 164 I

- Die Tathandlung kann dadurch verwirklicht werden, dass der Täter entweder Tatsachen behauptet oder sonstwie eine verdächtige Beweislage schafft (☞ Unterschieben von Beweismitteln).
- Gegenstand der Verdächtigung muss in Abs. 1 eine Straftat oder Dienstpflichtverletzung sein, die geeignet ist, tatsächlich ein Verfahren auszulösen (☞ nicht bei Bezichtigung eines strafunmündigen Kindes).
- Aus dem Recht auf Selbstbelastungsfreiheit folgt das Recht jedes Beschuldigten, die Tat zu leugnen. Konsequenz im Rahmen von § 164: Bloßes Leugnen der Tatbegehung ist auch dann keine Falschverdächtigung, wenn dadurch zwangsläufig der Verdacht auf eine andere Person gelenkt wird.

  ☞ A und B saßen im Unfallfahrzeug und bestreiten jeweils, selbst gefahren zu sein.

  ⚠ Die Grenze straflosen Selbstschutzes ist aber überschritten, wenn zusätzliche Maßnahmen ergriffen werden, um den Verdacht umzulenken (Veränderung der Tatsachenlage, Strafanzeigen, Kollusion mit dem Verdächtigten).

Falschverdächtigung, § 164 (3)

IV. Unrichtigkeit der Verdächtigung und Eignung zur Verfahrensherbeiführung

Objektives Tb.-Merkmal, auf das sich der Vorsatz erstrecken muss **(„wider besseres Wissen")**, ist die **Unrichtigkeit der Verdächtigung**. Nach der Rspr. ist allein entscheidend, dass der Denunzierte unschuldig ist. Ein Schuldiger kann danach selbst dann nicht „falsch verdächtigt" werden, wenn unrichtiges Tatsachenmaterial vorgelegt wird (Beschuldigungstheorie); a.A. das Schrifttum, das auf die Unrichtigkeit des Tatsachenmaterials abstellt (Unterbreitungstheorie).

V. Subjektiver Tatbestand

Außer der wissentlich falschen Verdächtigung muss der Täter auch die Absicht haben, ein behördliches Verfahren gegen den Verdächtigten herbeizuführen. Da die „Absicht" nur eine überschießende Tendenz des Täters kennzeichnet, genügt es, wenn der Täter dies als zwingende Folge erkennt **(dolus directus II)**.

VI. Qualifikation, § 164 III

Gilt für den Fall, dass der Täter in der Absicht handelt, durch die Falschverdächtigung eine Strafmilderung als „Kronzeuge" nach § 46 b oder § 31 BtMG zu erlangen.

Vortäuschen einer Straftat, § 145 d

I. Allgemeines

§ 145 d schützt in Abs. 1 Nr. 1 u. Abs. 2 Nr. 1 den inländischen Verfolgungsapparat u. in Abs. 1 Nr. 2 und Abs. 2 Nr. 2 die staatlichen Organe der Verbrechensverhütung vor unnützer Inanspruchnahme. Gegenüber anderen Rechtspflegedelikten (§§ 164, 258, 258 a) tritt § 145 d als formell subsidiär zurück, vgl. § 145 d I a.E.

II. § 145 d I

- Der Täter muss den genannten Stellen eine in Wahrheit nicht begangene Straftat (Nr. 1) oder eine zukünftige Straftat aus dem Katalog des § 126 I (Nr. 2) vortäuschen.
- **Vortäuschen** ist ➲ jedes Erregen oder Verstärken des Verdachts der Tatbegehung, welches geeignet ist, ein unnützes Einschreiten der Rechtspflegeorgane auszulösen.

⚠ Davon abzugrenzen ist das tatbestandslose Aufbauschen des tatsächlich strafbaren Geschehens. Nach h.M. erfordert der Tatbestand, dass das tatsächliche Geschehen aufgrund der Täuschung ein völlig anderes Gepräge erhält oder ein erhöhter Ermittlungsaufwand ausgelöst wird.

☞ Nicht tatbestandlich ist danach die bloße Übertreibung des Diebstahlsschadens.

III. § 145 d II

Der Tatbestand erfordert die Täuschung über Beteiligte einer (nach h.M. tatsächlichen oder auch nur irrig vorgestellten) rechtswidrigen Tat (Nr. 1) oder einer zukünftigen Tat aus dem Katalog des § 126 I. Nicht tatbestandlich sind: Bloße Erschwerung von Ermittlungstätigkeit, Selbstschutz (wie § 164). Nicht tatbestandlich ist auch das Umlenken der Ermittlungen auf eine Person, für die das fragliche Verhalten nicht strafbar ist.

Aussagedelikte, §§ 153 ff. (1)

I. Allgemeines

Die Aussagedelikte der §§ 153 ff. schützen primär die richterliche Tätigkeit, sekundär sonstige zur Eidesabnahme zuständige staatliche Stellen (parlamentarische Untersuchungsausschüsse, Patentamt) vor einer Verfälschung der Sachverhaltsermittlung. Die Aussagedelikte sind Sonderdelikte und können nur „eigenhändig" begangen werden.

⚠ Keine mittelbare Täterschaft oder Mittäterschaft durch Außenstehende, wohl aber ist Teilnahme möglich.

„Aussagen" i.S.d. §§ 153 ff. sind ➲ nur mündliche Erklärungen, die unmittelbar ggü. dem Vernehmenden gemacht werden und auf die sich die Wahrheitspflicht erstreckt und die nach den einschlägigen Verfahrensregeln ausgeschlossen sind.

☞ Im Zivilprozess erstreckt sich die Wahrheitspflicht des Zeugen auf die Angaben zur Person und zur Sache, welche durch den Beweisbeschluss, § 359 ZPO, festgelegt ist.

Umstritten ist, wann eine Aussage **falsch** ist:

Objektive Theorie (h.M.)	**Subjektive Theorie**	**Pflichttheorie**
➲ Falsch ist eine Aussage, wenn sie mit der objektiven Sachlage (einschl. innerer Tatsachen) nicht übereinstimmt.	➲ Falsch ist eine Aussage, wenn sie nicht dem entspricht, was der Täter weiß (oder zu wissen glaubt).	➲ Falsch ist eine Aussage, wenn der Täter sein Wissen nicht pflichtgemäß weitergibt.
Vorzuziehen, weil es im Prozess um die Ermittlung der objektiven Wahrheit als Entscheidungsgrundlage geht.	Kritik: Folge wäre, dass der (untaugliche) Versuch zum vollendeten Aussagedelikt würde.	Kritik: § 153 verlangt keine pflichtwidrige, sondern eine falsche Aussage.

Aussagedelikte, §§ 153 ff. (2)

I. Allgemeines (Fortsetzung)

- **§ 157** ermöglicht für Zeugen und Sachverständige in den Fällen der §§ 153, 154 eine Strafmilderung bzw. einen Strafausschluss, wenn der Täter sich aus seiner Sicht in der dort beschriebenen Zwangslage befindet.
- **§ 158** ist persönlicher Strafaufhebungsgrund in den Fällen der §§ 153–156. Die Berichtigung erfordert, dass der Täter in allen Punkten die Wahrheit sagt. Das muss nicht freiwillig, nur rechtzeitig (§ 158 II) geschehen.
- **§ 161** ordnet die Strafbarkeit fahrlässiger Begehungen der §§ 154–156 (nicht § 153!) an, soweit der Täter in Bezug auf die Falschaussage sorgfaltswidrig handelte. Das ist der Fall, wenn ein Zeuge sein Erinnerungsbild nicht so wiedergibt, wie es noch in seinem Gedächtnis besteht, oder er sich trotz Zweifel hinsichtlich seiner Wahrheits- oder Eidespflicht nicht belehren lässt.
  § 161 II ermöglicht eine Strafaufhebung bei rechtzeitiger Berichtigung.

II. Uneidliche Falschaussage, § 153

Sonderdelikt für Zeugen und Sachverständige, nicht für Beschuldigte, auch nicht für Parteien des Zivilprozesses. Versuch und fahrlässige Begehung sind nicht strafbar; Aufbau:

1. Tatbestand
   a) Täter: Zeuge oder Sachverständiger (nicht: Parteien des Zivilprozesses/Beschuldigter)
   b) Adressat: Gericht o. generell zur eidlichen Vernehmung zuständige Stelle (nicht StA/Polizei!)/nach § 162 auch internationale Gerichte/nationale parlamentarische Untersuchungsausschüsse
   c) Falsche Aussage vor der Stelle
   d) Vorsatz
2. Rechtswidrigkeit/Schuld
3. Strafmilderung/Absehen von Strafe
   a) Aussagenotstand, § 157
   b) Berichtigung der falschen Angabe, § 158

Aussagedelikte, §§ 153 ff. (3)

III. Meineid, § 154

- § 154 qualifiziert § 153 bei formalisierter Beteuerung der Wahrheit durch Eid (oder gem. § 155 durch eidesgleiche Bekräftigung) von Sachverständigen und Zeugen. Für andere Personen (☞ Parteieid im Zivilprozess) ist § 154 selbstständiges Delikt.
- Im Unterschied zu § 153 muss der Adressat des Meineids nicht nur allgemein zur Eidesabnahme zuständig sein, sondern der Eid muss in dem konkreten Verfahren statthaft sein.
- Tathandlung ist das falsche Schwören, also die Bekräftigung der Falschaussage durch Eid.
- Der Versuch des Meineids liegt ab Beginn des Nachsprechens der Eidesformel vor. Vollendet ist die Tat nach dem Sprechen der Eidesformel.

IV. Falsche Versicherung an Eides statt, § 156

- § 156 ist ggü. §§ 153, 154 eigenständiges Delikt. Hauptanwendungsfall ist die Glaubhaftmachung von Tatsachen (☞ §§ 294, 802 c ZPO, § 56 StPO).
- Die Behörde muss zur Abnahme eidesstattlicher Versicherungen allgemein zuständig sein und die konkrete Versicherung abnehmen dürfen. Ferner darf die Versicherung nicht rechtlich bedeutungslos sein.
- § 156 Alt. 1 verlangt die eidesgleiche Bekräftigung der Wahrheit einer objektiv unwahren Bekundung, auf die sich die Wahrheitspflicht bezieht. Die Grenzen der Wahrheitspflicht richten sich nach dem Verfahrensgegenstand und den Verfahrensregeln im konkreten Fall.
- Gem. § 156 Alt. 2 genügt auch eine Falschaussage unter Berufung auf eine solche Versicherung.

V. Versuchte Anstiftung zur Falschaussage, § 159

Weil §§ 153, 156 keine Verbrechen sind, kann § 30 nur durch den ausdrücklichen Verweis in § 159 angewendet werden und auch dann nur hinsichtlich der versuchten Anstiftung, ⚠ **nicht aber bei versuchter Kettenanstiftung**. Einschränkend lehnt die h.M. § 159 ferner ab, wenn die geplante Haupttat, so wie der Angestiftete sie begehen sollte, nur zu einem **untauglichen Versuch** führen konnte (welcher mangels Versuchsstrafbarkeit für den Angestifteten straflos wäre).

☞ X versucht, Y zu einer wahren Aussage anzustiften, die X und Y aber subjektiv für unwahr halten.

VI. Verleitung zur Falschaussage, § 160

- § 160 soll Strafbarkeitslücken schließen, die daraus entstehen, dass §§ 153 ff. eigenhändige Delikte sind und mittelbare Täterschaft deshalb ausgeschlossen ist (Parallele § 271, 🗗 81, 82). Typischer Fall des § 160 ist deshalb, dass ein bösgläubiger Hintermann eine unvorsätzliche Falschaussage bewirkt.

⚠ § 160 greift nicht, wenn die Tat als Anstiftung oder versuchte Anstiftung strafbar ist. Deshalb diese Teilnahmeformen immer vorher prüfen.

- Streitig ist, ob § 160 auch bei Veranlassung einer vorsätzlichen Falschaussage vollendet sein kann.

  ☞ Der Hintermann glaubt, einen Gutgläubigen zur Falschaussage zu verleiten. Objektiv war der Aussagende aber bösgläubig: Der Vordermann ist gem. §§ 153, 154 oder § 156 strafbar. Anstiftung scheidet aus, weil dem Hintermann der Vorsatz bzgl. einer vorsätzlichen Haupttat fehlt.

  Zum Teil wird die Gutgläubigkeit der Aussageperson als Tb.-Merkmal gesehen, ansonsten liege ein nicht zurechenbarer Exzess des Vordermanns vor (Folge: Versuch des § 160). Nach h.M. ist § 160 unabhängig davon vollendet, ob der Vordermann gutgläubig ist oder nicht, denn in beiden Fällen sei die durch § 160 geschützte Rechtspflege gefährdet.

Rechtsbeugung, § 339

Die Strafvorschrift bezweckt den Schutz der Rechtspflege vor schwerwiegend fehlerhafter Rechtsanwendung. Rechtsbeugung ist ein Verbrechen.

- § 339 ist ein Sonder- und eigenhändiges Delikt. Täter können nur sein: Richter (§ 11 I Nr. 3), Schiedsrichter (☞ §§ 1025 ff. ZPO) oder Amtsträger (§ 11 I Nr. 2), die eine Rechtssache wie Richter zu leiten (☞ StA im Ermittlungsverfahren) oder zu entscheiden haben.

  „Rechtssache" ist ➲ eine Rechtsangelegenheit, bei der sich mehrere Beteiligte mit widerstreitenden rechtlichen Belangen gegenüberstehen und die in einem rechtlich geregelten Verfahren nach Rechtsgrundsätzen zu entscheiden ist.

  ☞ Keine Rechtssachen sind damit gewöhnliche Verwaltungsangelegenheiten.

- Umstritten ist, wann das Recht **„gebeugt"** wird. Nach der in der Lit. vorherrschenden objektiven Theorie ist entscheidend, ob die Rechtsanwendung objektiv unvertretbar ist. Die subjektive Theorie fragt, ob der Richter gegen seine Rechtsüberzeugung gehandelt hat.

  Die Rspr. definiert Rechtsbeugung als ➲ **elementaren Rechtsverstoß, durch den sich der Amtsträger bewusst in schwerwiegender Weise von Recht und Gesetz entfernt**. Die Unvertretbarkeit einer Entscheidung genügt nicht.

- Die Tat muss zum **Vorteil** oder **Nachteil einer Partei** geführt haben.

  ⚠ Nach h.M. kann der Richter für seine rechtsprechende Tätigkeit aus anderen Normen nur strafbar sein, wenn auch § 339 erfüllt ist (**Sperrwirkung** zugunsten des Richters). Deshalb – sofern einschlägig – im Gutachten stets mit § 339 beginnen.

Korruptionsdelikte, §§ 331–338 (1)

I. Allgemeines

- Die Korruptionsdelikte schützen als abstrakte Gefährdungsdelikte das Vertrauen der Bevölkerung in die Nichtkäuflichkeit von Amtsträgern und damit in die Sachlichkeit und Objektivität staatlicher Entscheidungen. Parallelvorschriften im geschäftlichen Verkehr und im Gesundheitswesen sind die §§ 299 ff.
- **§§ 333, 334** stellen jeweils selbstständige Delikte für den Außenstehenden dar. Diese sind das spiegelbildliche Gegenstück zu **§§ 331, 332**. In § 334 sind lediglich die Tathandlungen für den Vorteilsgeber umformuliert (Anbieten, Versprechen, Gewähren). § 333 erweitert ggü. § 331 den Personenkreis (Soldaten der Bundeswehr), ggü. dem die Tat begangen werden kann.
- Ergänzende Bestimmungen:
  - § 335: Strafrahmenerweiterung mit Regelbeispielskatalog für §§ 332, 334
  - § 335 a: Ausländische und internationale Bedienstete stehen deutschen Richtern und sonstigen Amtsträgern gleich
  - § 336: Unterlassen steht der Vornahme einer Diensthandlung gleich
  - § 337: Auslegungsregel bzgl. Schiedsrichtervergütung als Vorteil
  - § 358: Verlust der Amtsfähigkeit als Nebenfolge der Bestechlichkeit

Korruptionsdelikte, §§ 331–338 (2)

II. Aufbau

Täter: Amtsträger (§ 11 I Nr. 2), für den öffentlichen Dienst besonders Verpflichtete (§ 11 I Nr. 4)

Vorteil ➲ materielle oder immaterielle Zuwendung oberhalb der Grenzen der Sozialadäquanz
– zugunsten des Amtsträgers
– oder zugunsten eines Dritten

Täter: Außenstehende

Tathandlungen:
- **Fordern** ➲ ausdrückliches/schlüssiges einseitiges Verlangen
- **Sichversprechenlassen** ➲ ausdrückliche/schlüssige Annahme des Angebots
- **Annehmen** ➲ tatsächliche Entgegennahme des Vorteils

Beziehungsverhältnis zum Dienst
„Unrechtsvereinbarung"

Tathandlungen:
- **Anbieten** ➲ auf Abschluss der Unrechtsvereinbarung gerichtete Erklärung
- **Versprechen** ➲ Zusicherung der Leistung
- **Gewähren** ➲ tatsächliche Zuwendung der Leistung

Vorteilsannahme, § 331 (bei Genehmigung Rechtfertigungsgrund, § 331 III)

Rechtmäßige Dienstausübung ➲ in der Vergangenheit oder Zukunft liegende allg. Diensttätigkeit

Vorteilsgewährung, § 333 (bei Genehmigung Rechtfertigungsgrund, § 333 III)

Bestechlichkeit, § 332 I

Rechtswidrige Diensthandlung ➲ konkrete Amtshandlung mit Dienstpflichtverletzung
- Tatsächlich in der Vergangenheit begangen
- Bei Handlungen in der Zukunft gelten Erweiterungen in §§ 332 III, 334 III

Bestechung, § 334 I

Widerstand und tätlicher Angriff auf Vollstreckungsbeamte und Rettungskräfte, §§ 113–115 (1)

I. § 113

1. Allgemeines/Aufbau

§ 113 erfasst Widerstand mit Gewalt oder durch Drohung mit Gewalt zur Verhinderung einer rechtmäßigen Vollstreckung. Insoweit ist § 113 gegenüber § 240 Spezialregel. Bei bloßer Sachgewalt oder Drohung mit einem empfindlichen Übel ist str., ob § 240 tatbestandlich gesperrt ist oder § 113 III, IV zugunsten des Täters analog gelten. Für Behinderung von Rettungskräften bei Hilfeleistungen in Unglücksfällen und Notlagen gilt gemäß § 115 III 1 die Rechtsfolge des § 113. Aufbau:

1. Tatbestand
   a) Opfer ist Amtsträger (§ 11 I Nr. 2) oder Soldat (Erweiterung gem. § 114), der zur Vollstreckung berufen ist.
      ☞ Polizist im Vollzugsdienst, Gerichtsvollzieher bei der Zwangsvollstreckung
   b) Bei der Vornahme einer konkreten Diensthandlung im Tatzeitpunkt
   c) Widerstandleisten durch Gewalt oder Drohung mit Gewalt
   d) Vorsatz
2. Objektive Strafbarkeitsbedingung: Rechtmäßigkeit der Diensthandlung
3. Rechtswidrigkeit
4. Schuld, entfällt insbes. bei irriger Annahme der Rw. der Diensthandlung, soweit unvermeidbar und keine zumutbaren Rechtsbehelfe (§ 113 IV 2).
5. Straferschwerende Regelbeispiele, § 113 II 2 Nr. 1–3
   ⚠ Nr. 2 erfasst auch Beisichführen gefährlicher Werkzeuge
      ☞ Das Zufahren auf einen Halt gebietenden Polizisten ist danach ein besonders schwerer Fall des § 113.

Widerstand und tätlicher Angriff auf Vollstreckungsbeamte und Rettungskräfte, §§ 113–115 (2)

2. Bei der Vornahme einer Diensthandlung

Erforderlich ist eine konkrete Vollstreckungshandlung, die unmittelbar bevorsteht oder bereits begonnen hat, aber noch nicht beendet ist.

☞ Die Streifenfahrt genügt nicht, wohl aber das Anhaltegebot bei einer allgemeinen Verkehrskontrolle.

3. Tathandlung

Widerstandleisten	
durch Gewalt (1. Alt.)	**durch Drohung mit Gewalt (2. Alt.)**
➲ die durch tätiges Handeln gegen die Person des Vollstreckenden gerichtete Kraftäußerung zur Verhinderung oder Erschwerung der Durchführung der Maßnahme	➲ wie § 240, wobei Drohung mit einem empfindlichen Übel nicht reicht. Ziel muss die Verhinderung/Erschwerung der Durchführung der Maßnahme sein

4. Rechtmäßigkeit der Diensthandlung

Dieses **vorsatzunabhängige** Merkmal (modifizierte objektive Strafbarkeitsbedingung) bildet häufig einen Schwerpunkt in der Klausur als Einfallstor für POR, StPO und ZPO. Rechtmäßig ist die Diensthandlung nach dem strafrechtlichen Rechtmäßigkeitsbegriff, wenn der Amtsträger:

- **sachlich** und **örtlich zuständig** war;
- die **wesentlichen Förmlichkeiten des „Ob" und „Wie"** der Maßnahme beachtet hat (ein Irrtum über die sachlichen Voraussetzungen des Eingreifens ist unschädlich, wenn er unverschuldet war);
- ein etwaiges **Ermessen pflichtgemäß ausgeübt** hat. ☞ Auch wenn ein nach Verwaltungsrecht rechtswidriger Verwaltungsakt vorliegt, kann es sich um eine i.S.v. § 113 III 1 rechtmäßige Diensthandlung handeln.

Widerstand gegen Vollstreckungsbeamte und Rettungskräfte, §§ 113–115 (3)

II. § 114

1. Allgemeines/Aufbau

§ 114 sieht einen gegenüber § 113 erhöhten Strafrahmen vor bei einem tätlichen Angriff auf Vollstreckungsbeamte, die sich entweder bei einer rechtmäßigen Vollstreckung oder nur bei einer allgemeinen Diensttätigkeit befinden. Der tätliche Angriff muss nicht mit Nötigungstendenz zur Verhinderung der Vollstreckung begangen werden. Ist dies der Fall, kommt Tateinheit mit § 113 infrage. Bei tatsächlichen Angriffen gegen Rettungskräfte bei Hilfeleistungen gilt gemäß § 115 III 2 die Rechtsfolge des § 114. Aufbau:

Tätlicher Angriff auf Vollstreckungsbeamte bei Vollstreckungshandlungen, § 114 I–III	Tätlicher Angriff auf Vollstreckungsbeamte bei allgemeiner Diensttätigkeit, § 114 I–II
wie § 113 ■ insbesondere Rechtmäßigkeit der Vollstreckung (🗗 104)	wie § 113 ■ aber ohne Rechtmäßigkeit der Vollstreckung und ohne besondere Irrtumsregel des § 113 IV

2. Tätlicher Angriff

➲ Unmittelbar auf den Körper zielende feindselige und verletzungsgeeignete Einwirkung, auch ohne Körperverletzungsvorsatz

3. Konkurrenzen

Zu § 113 und zu (auch nur versuchten) Körperverletzungsdelikten besteht Tateinheit.

Verwahrungsbruch, § 133

I. Allgemeines /Aufbau

Schutzgut ist der hoheitliche Verwahrungsbesitz an Sachen.
Nicht geschützt ist der allgemeine Amtsbesitz.

Aufbau:

1. Tatbestand a) Täter = Jedermann, selbst der Gewahrsamsinhaber b) Tatobjekt = Jede bewegliche Sache in dienstlicher Verwahrung c) Tathandlung = Zerstören, Beschädigen, Unbrauchbarmachen oder der dienstlichen Verfügung entziehen	2. Rechtswidrigkeit 3. Schuld Qualifikation, § 133 III: bei Tatbegehung durch Amtsträger etc., dem die Sache anvertraut war oder zugänglich geworden ist

II. Dienstlicher Gewahrsam

➲ Fürsorgliche Hoheitsgewalt muss den Gegenstand in Gewahrsam genommen haben, um ihn für bestimmte, über das bloße Funktionsinteresse der Behörde hinausgehende Zwecke zu erhalten und vor unbefugtem Zugriff zu bewahren.

☞ Behördliche oder gerichtliche Akten, dienstlich aufbewahrte Blutprobe;
nicht: Inventar der Behörde, Gegenstände in öffentlichen Sammlungen, Museen, Bibliotheken

Verstrickungs- und Siegelbruch, § 136

I. Verstrickungsbruch, § 136 I

- Tatobjekt sind Sachen (≠ Forderungen), an denen durch Pfändung oder dienstliche Inbeschlagnahme ein wirksamer Verstrickungszustand herbeigeführt worden ist. Die Wirksamkeit der Verstrickung richtet sich nach den jeweiligen Beschlagnahme- bzw. Pfändungsvorschriften.

  ⚠ Wichtiges Einfallstor in andere Rechtsgebiete. Nur schwerwiegende Fehler verhindern eine wirksame Verstrickung.

  ☞ Bei einer Pfändung nach § 808 II 2 ZPO macht der Gerichtsvollzieher diese an dem Gegenstand nicht äußerlich erkennbar. – Keine Verstrickung!

- Tathandlungen sind das (vorsätzliche) Zerstören, Beschädigen, Unbrauchbarmachen oder in anderer Weise ganz oder zum Teil der Verstrickung entziehen.
- Wie bei § 113 III ist die Rechtmäßigkeit der Diensthandlung objektive Strafbarkeitsbedingung, es gilt der gleiche Rechtmäßigkeitsbegriff wie bei § 113 III, vgl. 🗗 104. Gem. § 136 IV gilt § 113 IV entsprechend.

II. Siegelbruch, § 136 II

- Tatobjekt ist ein dienstliches **Siegel**, d.h. ➲ von einer Behörde oder einem Amtsträger herrührende Kennzeichnung mit Beglaubigungscharakter), das angelegt ist, um Sachen in Beschlag zu nehmen, dienstlich zu verschließen oder zu bezeichnen.
- Tathandlungen sind das Beschädigen, Ablösen oder Unkenntlichmachen des Siegels oder das Unwirksammachen des Verschlusses.